U0153506

思想的・睿智的・獨見的

經典名著文庫

學術評議

丘為君　吳惠林　宋鎮照　林玉体　邱燮友
洪漢鼎　孫效智　秦夢群　高明士　高宣揚
張光宇　張炳陽　陳秀蓉　陳思賢　陳清秀
陳鼓應　曾永義　黃光國　黃光雄　黃昆輝
黃政傑　楊維哲　葉海煙　葉國良　廖達琪
劉滄龍　黎建球　盧美貴　薛化元　謝宗林
簡成熙　顏厥安（以姓氏筆畫排序）

策劃　楊榮川

五南圖書出版公司 印行

經典名著文庫

學術評議者簡介（依姓氏筆畫排序）

經典名著文庫165

共產黨宣言

【德】馬克思、恩格斯 著
中央編譯局 譯

經典永恆・名著常在

五十週年的獻禮・「經典名著文庫」出版緣起

總策劃 楊榮川

五南，五十年了。半個世紀，人生旅程的一大半，我們走過來了。不敢說有多大成就，至少沒有凋零。

五南忝為學術出版的一員，在大專教材、學術專著、知識讀本出版已逾壹萬參仟種之後，面對著當今圖書界媚俗的追逐、淺碟化的內容以及碎片化的資訊圖景當中，我們思索著：邁向百年的未來歷程裡，我們能為知識界、文化學術界做些什麼？在速食文化的生態下，有什麼值得讓人雋永品味的？

歷代經典・當今名著，經過時間的洗禮，千錘百鍊，流傳至今，光芒耀人；不僅使我們能領悟前人的智慧，同時也增深加廣我們思考的深度與視野。十九世紀唯意志論開創者叔本華，在其〈論閱讀和書籍〉文中指出：「對任何時代所謂的暢銷書要持謹慎

的態度。」他覺得讀書應該精挑細選，把時間用來閱讀那些「古今中外的偉大人物的著作」，閱讀那些「站在人類之巔的著作及享受不朽聲譽的人們的作品」。閱讀就要「讀原著」，是他的體悟。他甚至認為，閱讀經典原著，勝過於親炙教誨。他說：

「一個人的著作是這個人的思想菁華。所以，儘管一個人具有偉大的思想能力，但閱讀這個人的著作總會比與這個人的交往獲得更多的內容。就最重要的方面而言，閱讀這些著作的確可以取代，甚至遠遠超過與這個人的近身交往。」

為什麼？原因正在於這些著作正是他思想的完整呈現，是他所有的思考、研究和學習的結果；而與這個人的交往卻是片斷的、支離的、隨機的。何況，想與之交談，如今時空，只能徒呼負負，空留神往而已。

三十歲就當芝加哥大學校長、四十六歲榮任名譽校長的赫欽斯（Robert M. Hutchins, 1899-1977），是力倡人文教育的大師。「教育要教真理」，是其名言，強調「經典就是人文教育最佳的方式」。他認為：

「西方學術思想傳遞下來的永恆學識，即那些不因時代變遷而有所減損其價值

的古代經典及現代名著，乃是真正的文化菁華所在。」

這些經典在一定程度上代表西方文明發展的軌跡，故而他爲大學擬訂了從柏拉圖的《理想國》，以至愛因斯坦的《相對論》，構成著名的「大學百本經典名著課程」。成爲大學通識教育課程的典範。

歷代經典・當今名著，超越了時空，價值永恆。五南跟業界一樣，過去已偶有引進，但都未系統化的完整舖陳。我們決心投入巨資，有計畫的系統梳選，成立「經典名著文庫」，希望收入古今中外思想性的、充滿睿智與獨見的經典、名著，包括：

- 歷經千百年的時間洗禮，依然耀明的著作。遠溯二千三百年前，亞里斯多德的《尼各馬科倫理學》、柏拉圖的《理想國》，還有奧古斯丁的《懺悔錄》。

- 聲震寰宇、澤流遐裔的著作。西方哲學不用說，東方哲學中，我國的孔孟、老莊哲學，古印度毗耶娑（Vyāsa）的《薄伽梵歌》、日本鈴木大拙的《禪與心理分析》，都不缺漏。

- 成就一家之言，獨領風騷之名著。諸如伽森狄（Pierre Gassendi）與笛卡兒論戰的《對笛卡兒沉思錄的詰難》、達爾文（Darwin）的《物種起源》、米塞斯（Mises）的《人的行爲》，以至當今印度獲得諾貝爾經濟學獎阿馬蒂亞・

森（Amartya Sen）的《貧困與饑荒》，及法國當代的哲學家及漢學家余蓮（François Jullien）的《功效論》。

梳選的書目已超過七百種，初期計劃首爲三百種。先從思想性的經典開始，漸次及於專業性的論著。「江山代有才人出，各領風騷數百年」，這是一項理想性的、永續性的巨大出版工程。不在意讀者的眾寡，只考慮它的學術價值，力求完整展現先哲思想的軌跡。雖然不符合商業經營模式的考量，但只要能爲知識界開啓一片智慧之窗，營造一座百花綻放的世界文明公園，任君遨遊、取菁吸蜜、嘉惠學子，於願足矣！

最後，要感謝學界的支持與熱心參與。擔任「學術評議」的專家，義務的提供建言；各書「導讀」的撰寫者，不計代價地導引讀者進入堂奧；而著譯者日以繼夜，伏案疾書，更是辛苦，感謝你們。也期待熱心文化傳承的智者參與耕耘，共同經營這座「世界文明公園」。如能得到廣大讀者的共鳴與滋潤，那麼經典永恆，名著常在。就不是夢想了！

二〇一七年八月一日 於

五南圖書出版公司

卡爾・馬克思─KARL MARX

蔣兆和一九五四年作

弗里德里希·恩格斯——FRIEDRICH ENGELS

蒋兆和一九五四年作

3

《共產黨宣言》手稿一頁，頭兩行為馬克思夫人燕妮的手筆

社會主義研究小叢書第一種
共產黨宣言
馬格斯安格爾斯合著
陳望道譯

馬格斯

《共產黨宣言》1920年9月中文版　陳望道　譯

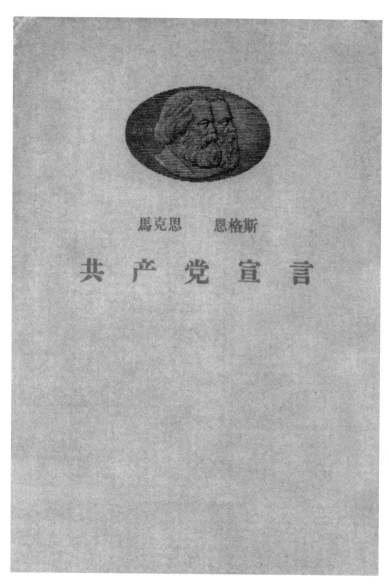

馬克思　　恩格斯

共 产 党 宣 言

《共產黨宣言》1959年8月中文版　中共中央編譯局　譯

MANIFESTO

OF THE

COMMUNIST PARTY,

By KARL MARX, and FREDERICK ENGELS.

Authorized English Translation.

EDITED AND ANNOTATED BY FREDERICK ENGELS,
1888.

London:
WILLIAM REEVES, 185, FLEET STREET, E.C.

《共產黨宣言》1888年英文版 倫敦

《共產黨宣言》1946年丹麥文版 哥本哈根

《共產黨宣言》1948年俄文版 莫斯科

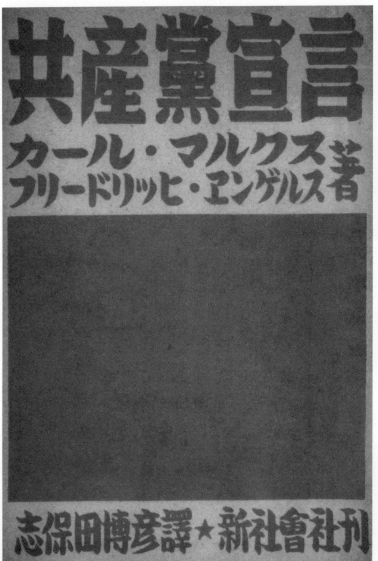

共産黨宣言

カール・マルクス著
フリードリッヒ・エンゲルス著

志保田博彦譯 ★ 新社會社刊

《共產黨宣言》1948年日文版　京都

KARL MARX • FRIEDRICH ENGELS

KOMMUNISTISEN PUOLUEEN MANIFESTI

《共產黨宣言》1948年芬蘭文版　赫爾辛基

KANSANKULTTUURI OY

A KOMMUNISTA
KIÁLTVÁNY

SZIKRA

《共產黨宣言》1949年匈牙利版 布達佩斯

K. MARKS e F. ENGELS

———

MANIFESTI

I

PARTISE KOMUNISTE

DREJTORIJA E BOTIMEVE TË KLASIKËVE
TË MARKSIZËM-LENINIZMIT
PRANË K.Q. TË P.P.SH.
Tiranë, 1954

《共產黨宣言》1954年阿爾巴尼亞文版　地拉那

K. MARX - F. ENGELS

Manifesto
del Partito comunista

Traduzione di Palmiro Togliatti

Edizioni Rinascita

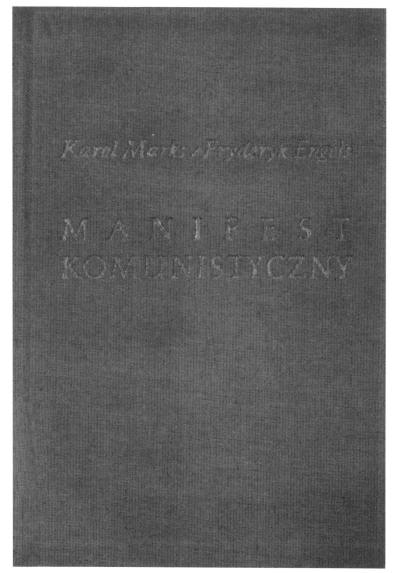

《共產黨宣言》 1956年波蘭文版　華沙

КАРЛ МАРКС · ФРИДРИХ ЕНГЕЛС

Манифест на комунистическата партия

Издателство на Българската комунистическа партия

《共產黨宣言》1958年保加利亞文版　索非亞

MARX-ENGELS

MANIFESTUL
PARTIDULUI
COMUNIST

EDITURA DE STAT PENTRU LITERATURA POLITICA

《共產黨宣言》1958年羅馬尼亞版 布加勒斯特

C. MÁC và F. ĂNG-GHEN

TUYÊN NGÔN

CỦA

ĐẢNG CỘNG SẢN

XUẤT BẢN LẦN THỨ TƯ

NHÀ XUẤT BẢN SỰ THẬT

HÀ · NỘI

《共產黨宣言》1958年越南文版　河内

KARL MARX E FRIEDRICH ENGELS

MANIFESTO
DO PARTIDO
COMUNISTA

VITÓRIA

《共產黨宣言》 1960年葡萄牙文版 維多利亞

《共產黨宣言》1960年西班牙文版　哈瓦那

C. MARX
F. ENGELS

MANIFIESTO
DEL PARTIDO
COMUNISTA

《共產黨宣言》1965年西班牙文版 北京

MARX
ENGELS

*MANIFEST
DER
KOMMUNISTISCHEN
PARTEI*

《共產黨宣言》1967年德文版　柏林

COMMUNIST MANIFESTO

ONE HUNDREDTH ANNIVERSARY · OF THE · COMMUNIST MANIFESTO

1848-1948

KARL MARX ✦ FREDERICK ENGELS

《共產黨宣言》1968年英文版 紐約

Scientific Socialism Series

MARX
and
ENGELS

*MANIFESTO
of the
COMMUNIST
PARTY*

《共產黨宣言》 1971年英文版 莫斯科

KARL MARX
FRIEDRICH ENGELS

M A N I F E S T E

DU

PARTI COMMUNISTE

*TRADUCTION DE L'ALLEMAND
PAR LAURA LAFARGUE*

REVUE ET ANNOTÉE PAR F. ENGELS

SUIVI DE

FAC-SIMILÉ DE L'ÉDITION ORIGINALE
DE FÉVRIER 1848

EDITIONS CHAMP LIBRE

《共產黨宣言》1983年法文版　巴黎

2
8

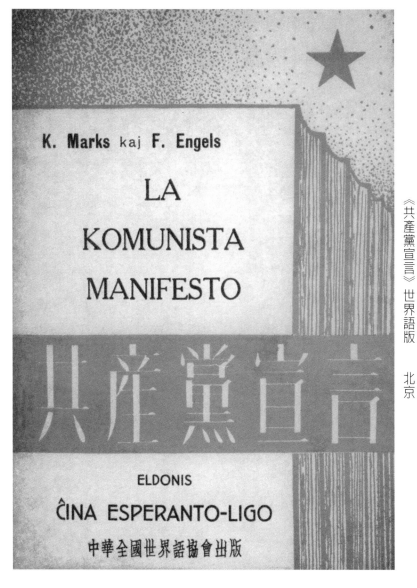

K. Marks kaj F. Engels

LA

KOMUNISTA

MANIFESTO

共产党宣言

ELDONIS

ĈINA ESPERANTO-LIGO

中華全國世界語協會出版

《共產黨宣言》世界語版　北京

Manifest

der

Kommunistischen Partei.

Veröffentlicht im Februar 1848.

Proletarier aller Länder vereinigt Euch!

London.

Gedruckt in der Office der „Bildungs-Gesellschaft für Arbeiter"
von J. E. Burghard.

46, LIVERPOOL STREET, BISHOPSGATE.

《共產黨宣言》1848年2月德文第一版

Manifest

der

Kommunistischen Partei.

Veröffentlicht im Februar 1848.

London.

Gedruckt in der Office der „Bildungs-Gesellschaft für Arbeiter"
von J. E. Burghard.

46, LIVERPOOL STREET, BISHOPSGATE.

Manifest

der

Kommunistischen Partei.

Ein Gespenst geht um in Europa—das Gespenst des Kommunismus. Alle Mächte des alten Europa haben sich zu einer heiligen Hetzjagd gegen dies Gespenst verbündet, der Papst und der Czar, Metternich und Guizot, französische Radikale und deutsche Polizisten.

Wo ist die Oppositionspartei, die nicht von ihren regierenden Gegnern als kommunistisch verschrieen worden wäre, wo die Oppositionspartei, die den fortgeschritteneren Oppositionsleuten sowohl, wie ihren reaktionären Gegnern den brandmarkenden Vorwurf des Kommunismus nicht zurückgeschleudert hätte?

Zweierlei geht aus dieser Thatsache hervor.

Der Kommunismus wird bereits von allen europäischen Mächten als eine Macht anerkannt.

Es ist hohe Zeit daß die Kommunisten ihre Anschauungsweise, ihre Zwecke, ihre Tendenzen vor der ganzen Welt offen darlegen, und dem Mährchen vom Gespenst des Kommunismus ein Manifest der Partei selbst entgegenstellen.

Zu diesem Zweck haben sich Kommunisten der verschiedensten Nationalität in London versammelt und das folgende Manifest entworfen, das in englischer, französischer, deutscher, italienischer, flämmischer und dänischer Sprache veröffentlicht wird.

I.
Bourgeois und Proletarier.

Die Geschichte aller bisherigen Gesellschaft ist die Geschichte von Klassenkämpfen.

Freier und Sklave, Patrizier und Plebejer, Baron und Leibeigner, Zunftbürger und Gesell, kurz, Unterdrücker und Unterdrückte standen in stetem Gegensatz zu einander, führten einen ununterbrochenen, bald versteckten bald offenen Kampf, einen Kampf, der jedesmal mit einer revolutionären Umgestaltung der ganzen Gesellschaft endete, oder mit dem gemeinsamen Untergang der kämpfenden Klassen.

In den früheren Epochen der Geschichte finden wir fast überall eine vollständige Gliederung der Gesellschaft in verschiedene Stände, eine mannichfaltige Abstufung der gesellschaftlichen Stellungen. Im alten Rom haben wir Patrizier, Ritter, Plebejer, Sklaven; im Mittelalter Feudalherren, Vasallen, Zunftbürger, Gesellen, Leibeigene, und noch dazu in fast jeder dieser Klassen wieder besondere Abstufungen.

Die aus dem Untergange der feudalen Gesellschaft hervorgegangene moderne bürgerliche Gesellschaft hat die Klassengegensätze nicht aufgehoben. Sie hat nur neue Klassen, neue Bedingungen der Unterdrückung, neue Gestaltungen des Kampfes an die Stelle der alten gesetzt.

Unsere Epoche, die Epoche der Bourgeoisie, zeichnet sich jedoch dadurch aus, daß sie die Klassengegensätze vereinfacht hat. Die ganze Gesellschaft spaltet sich mehr und mehr in zwei große feindliche Lager, in zwei große einander direkt gegenüberstehende Klassen—Bourgeoisie and Proletariat.

Aus den Leibeigenen des Mittelalters gingen die Pfahlbürger der ersten Städte hervor; aus dieser Pfahlbürgerschaft entwickelten sich die ersten Elemente der Bourgeoisie.

Die Entdeckung Amerika's, die Umschiffung Afrika's schufen der aufkommenden Bourgeoisie ein neues Terrain. Der ostindische und chinesische Markt, die Kolonisirung von Amerika, der Austausch mit den Kolonien, die Vermehrung der Tauschmittel und der Waaren überhaupt gaben dem Handel, der Schifffahrt, der Industrie einen niegekannten Aufschwung, und damit dem revolutionären Element in der zerfallenden feudalen Gesellschaft eine rasche Entwicklung.

Die bisherige feudale oder zünftige Betriebsweise der Industrie reichte nicht mehr aus für den mit den neuen Märkten anwachsenden Bedarf. Die Manufaktur trat an ihre Stelle. Die Zunftmeister wurden verdrängt durch den industriellen Mittelstand; die Theilung der Arbeit zwischen den verschiedenen Corporationen verschwand vor der Theilung der Arbeit in der einzelnen Werkstatt selbst.

Aber immer wuchsen die Märkte, immer stieg der Bedarf. Auch die Manufaktur reichte nicht mehr aus. Da revolutionirten der Dampf und die Maschinerie die industrielle Produktion. An die Stelle der Manufaktur trat die moderne große Industrie, an die Stelle des industriellen Mittelstandes traten die industriellen Millionäre, die Chefs ganzer industriellen Armeen, die modernen Bourgeois.

Die große Industrie hat den Weltmarkt hergestellt, den die Entdeckung Amerika's vorbereitete. Der Weltmarkt hat dem Handel, der Schifffahrt, den Landkommunikationen eine unermeßliche Entwicklung gegeben. Diese hat wieder auf die Ausdehnung der Industrie zurückgewirkt, und in demselben Maße, worin Industrie, Handel, Schifffahrt, Eisenbahnen sich ausdehnten, in demselben Maße entwickelte sich die Bourgeoisie, vermehrte sie ihre Kapitalien, drängte sie alle vom Mittelalter her überlieferten Klassen in den Hintergrund.

Wir sehen also wie die moderne Bourgeoisie selbst das Produkt eines langen Entwicklungsganges, einer Reihe von Umwälzungen in der Produktions- und Verkehrsweise ist.

Jede dieser Entwicklungsstufen der Bourgeoisie war begleitet von einem entsprechenden politischen Fortschritt. Unterdrückter Stand unter der Herrschaft der Feudalherren, bewaffnete und sich selbst verwaltende Associationen in der Commune, hier unabhängige städtische Republik, dort dritter steuerpflichtiger Stand der Monarchie, dann zur Zeit der Manufaktur Gegengewicht gegen den Adel in der ständischen oder in der absoluten Monarchie und Hauptgrundlage der großen Monarchieen überhaupt, erkämpfte sie sich endlich seit der Herstellung der großen Industrie und des Weltmarktes im modernen Repräsentativstaat die ausschließliche politische Herrschaft. Die moderne Staatsgewalt ist nur ein Ausschuß, der die gemeinschaftlichen Geschäfte der ganzen Bourgeoisklasse verwaltet.

Die Bourgeoisie hat in der Geschichte eine höchst revolutionäre Rolle gespielt.

Die Bourgeoisie, wo sie zur Herrschaft gekommen, hat alle feudalen, patriarchalischen, idyllischen Verhältnisse zerstört. Sie hat die buntscheckigen Feudalbande, die den Menschen an seinen natürlichen Vorgesetzten knüpften, unbarmherzig zerrissen, und kein anderes Band zwischen Mensch und Mensch übrig gelassen, als das nackte Interesse, als die gefühllose „baare Zahlung." Sie hat die heiligen Schauer der frommen Schwärmerei, der ritterlichen Begeisterung, der spießbürgerlichen Wehmuth in dem eiskalten Wasser egoistischer Berechnung ertränkt. Sie hat die persönliche Würde in den Tauschwerth aufgelöst, und an die Stelle der zahllosen verbrieften und wohlerworbenen Freiheiten die Eine gewissenlose Handelsfreiheit gesetzt. Sie hat, mit einem Wort, an die Stelle der mit religiösen und politischen Illusionen verhüllten Ausbeutung die offene, unverschämte, direkte, dürre Ausbeutung gesetzt.

Die Bourgeoisie hat alle bisher ehrwürdigen und mit frommer Scheu betrachteten Thätigkeiten ihres Heiligenscheins entkleidet. Sie hat den Arzt, den Juristen, den Pfaffen, den Poeten, den Mann der Wissenschaft in ihre bezahlten Lohnarbeiter verwandelt.

Die Bourgeoisie hat dem Familienverhältniß seinen rührend-sentimentalen Schleier abgerissen und es auf ein reines Geldverhältniß zurückgeführt.

Die Bourgeoisie hat enthüllt wie die brutale Kraftäußerung, die die Reaktion so sehr am Mittelalter bewundert, in der trägsten Bärenhäuterei ihre passende Ergänzung fand. Erst sie hat bewiesen was die Thätigkeit der Menschen zu Stande bringen kann. Sie hat ganz andere Wunderwerke vollbracht als egyptische Pyramiden, römische Wasserleitungen und gothische Kathedralen, sie hat ganz andere Züge ausgeführt, als Völkerwanderungen und Kreuzzüge.

Die Bourgeoisie kann nicht existiren ohne die Produktionsinstrumente, also die Produktionsverhältnisse, also sämmtliche gesellschaftlichen Verhältnisse fortwährend zu revolutioniren. Unveränderte Beibehaltung der alten Produktionsweise war dagegen die erste Existenzbedingung aller früheren industriellen Klassen. Die fortwährende Umwälzung der Produktion, die ununterbrochene Erschütterung aller gesellschaftlichen Zustände, die ewige Unsicherheit und Bewegung zeichnet die Bourgeois-Epoche vor allen früheren aus. Alle festen, eingerosteten Verhältnisse mit ihrem Gefolge von altehrwürdigen Vorstellungen und Anschauungen werden aufgelöst, alle neugebildeten veralten, ehe sie verknöchern können. Alles Ständische und Stehende verdampft, alles Heilige wird entweiht, und die Menschen sind endlich gezwungen, ihre Lebensstellung, ihre gegenseitigen Beziehungen mit nüchternen Augen anzusehen.

Das Bedürfniß nach einem stets ausgedehnteren Absatz für ihre Produkte jagt die Bourgeoisie über die ganze Erdkugel. Ueberall muß sie sich einnisten, überall anbauen, überall Verbindungen herstellen.

Die Bourgeoisie hat durch die Exploitation des Weltmarkts die Produktion und Konsumtion aller Länder kosmopolitisch gestaltet. Sie hat zum großen Bedauern der Reaktionäre den nationalen Boden der Industrie unter den Füßen weggezogen. Die uralten nationalen Industrieen sind vernichtet worden und werden noch täglich vernichtet. Sie werden verdrängt durch neue Industrieen, deren Einführung eine Lebensfrage für alle civilisirte Nationen wird, durch Industrieen, die nicht mehr einheimische Rohstoffe, sondern den entlegensten Zonen angehörige Rohstoffe verarbeiten, und deren Fabrikate nicht nur im Lande selbst, sondern in allen Welttheilen zugleich verbraucht werden. An die Stelle der alten, durch Landeserzeugnisse befriedigten Bedürfnisse treten neue, welche die Produkte der entferntesten Länder und Klimate zu ihrer Befriedigung erheischen. An die Stelle der alten lokalen und nationalen Selbstgenügsamkeit und Abgeschlossenheit tritt ein allseitiger Verkehr, eine allseitige Abhängigkeit der Nationen von einander. Und wie in der materiellen, so auch in der geistigen Produktion. Die geistigen Erzeugnisse der einzelnen Nationen werden Gemeingut. Die nationale Einseitigkeit und Beschränktheit wird mehr und mehr unmöglich, und aus den vielen nationalen und lokalen Literaturen bildet sich eine Weltliteratur.

Die Bourgeoisie reißt durch die rasche Verbesserung aller Produktions-Instrumente, durch die unendlich erleichterten Kommunikationen alle, auch die barbarischsten Nationen in die Civilisation. Die wohlfeilen Preise ihrer Waaren sind die schwere Artillerie, mit der sie alle chinesischen Mauern in den Grund schießt, mit der sie den hartnäckigsten Fremdenhaß der Barbaren zur Kapitulation zwingt. Sie zwingt alle Nationen die Produktionsweise der Bourgeoisie sich anzueignen, wenn sie nicht zu Grunde gehen wollen; sie zwingt sie die sogenannte Civilisation bei sich selbst einzuführen, d. h. Bourgeois zu werden. Mit einem Wort, sie schafft sich eine Welt nach ihrem eigenen Bilde.

Die Bourgeoisie hat das Land der Herrschaft der Stadt unterworfen. Sie hat enorme Städte geschaffen, sie hat die Zahl der städtischen Bevölkerung gegenüber der ländlichen in hohem Grade vermehrt, und so einen bedeutenden Theil der Bevölkerung dem Idiotismus des Landlebens entrissen. Wie sie das Land von der Stadt, hat sie die barbarischen und halbbarbarischen Länder von den civilisirten, die Bauernvölker von den Bourgeoisvölkern, den Orient vom Occident abhängig gemacht.

Die Bourgeoisie hebt mehr und mehr die Zersplitterung der Produktionsmittel, des Besitzes und der Bevölkerung auf. Sie hat die Bevölkerung agglomerirt, die Produktionsmittel centralisirt und das Eigenthum in wenigen Händen koncentrirt. Die nothwendige Folge hiervon war die politische Centralisation. Unabhängige, fast nur verbündete Provinzen mit verschiedenen Interessen, Gesetzen, Regierungen und Zöllen wurden zusammengedrängt in Eine Nation, Eine Regierung, Ein Gesetz, Ein nationales Klasseninteresse, Eine Douanenlinie.

Die Bourgeoisie hat in ihrer kaum hundertjährigen Klassenherrschaft massenhaftere und kolossalere Produktionskräfte geschaffen als alle vergangenen Generationen zusammen. Unterjochung der Naturkräfte, Maschinerie, Anwendung der Chemie auf Industrie und Ackerbau, Dampfschifffahrt, Eisenbahnen, elektrische Telegraphen, Urbarmachung ganzer Welttheile, Schiffbarmachung der Flüsse, ganze aus dem Boden hervorgestampfte Bevölkerungen—welch früheres Jahrhundert ahnte, daß solche Produktionskräfte im Schooß der gesellschaftlichen Arbeit schlummerten.

Wir haben aber gesehen: Die Produktions- und Verkehrsmittel, auf deren Grundlage sich die Bourgeoisie heranbildete, wurden in der feudalen Gesellschaft erzeugt. Auf einer gewissen Stufe der Entwicklung dieser Produktions- und Verkehrsmittel entsprachen die Verhältnisse, worin die feudale Gesellschaft produzirte und austauschte, die feudale Organisation der Agrikultur und Manufaktur, mit einem Wort die feudalen Eigenthums-Verhältnisse den schon entwickelten Produktivkräften nicht mehr. Sie hemmten die Produktion statt sie zu fördern. Sie verwandelten sich in eben so viele Fesseln. Sie mußten gesprengt werden, sie wurden gesprengt.

An ihre Stelle trat die freie Konkurrenz mit der ihr angemessenen gesellschaftlichen und politischen Konstitution, mit der ökonomischen und politischen Herrschaft der Bourgeois-Klasse.

Unter unsren Augen geht eine ähnliche Bewegung vor. Die bürgerlichen Produktions- und Verkehrs-Verhältnisse, die bürgerlichen Eigenthums-Verhältnisse, die moderne bürgerliche Gesellschaft, die so gewaltige Produktions- und Verkehrsmittel hervorgezaubert hat, gleicht dem Hexenmeister, der die unterirdischen Gewalten nicht mehr zu beherrschen vermag, die er herauf beschwor.

Seit Dezennien ist die Geschichte der Industrie und des Handels nur noch die Geschichte der Empörung der modernen Produktivkräfte gegen die modernen Produktions-Verhältnisse, gegen die Eigenthums-Verhältnisse, welche die Lebens-Bedingungen der Bourgeoisie und ihrer Herrschaft sind. Es genügt die Handelskrisen zu nennen, welche in ihrer periodischen Wiederkehr immer drohenden die Existenz der ganzen bürgerlichen Gesellschaft in Frage stellen. In den Handelskrisen wird ein großer Theil nicht nur der erzeugten Produkte, sondern sogar der bereits geschaffenen Produktivkräfte regelmäßig vernichtet. In der Krisen bricht eine gesellschaftliche Epidemie aus, welche allen früheren Epochen als ein Widersinn erschienen wäre—die Epidemie der Ueberproduktion. Die Gesellschaft findet sich plötzlich in einen Zustand momentaner Barbarei zurückversetzt; eine Hungersnoth, ein allgemeiner Verwüstungskrieg scheinen ihr alle Lebensmittel abgeschnitten zu haben; die Industrie, der Handel scheinen vernichtet, und warum? Weil sie zu viel Civilisation, zu viel Lebensmittel, zu viel Industrie, zu viel Handel besitzt. Die Produktivkräfte, die ihr zur Verfügung stehen, dienen nicht mehr zur Beförderung der bürgerlichen Civilisation und der bürgerlichen Eigenthums-Verhältnisse; im Gegentheil, sie sind zu gewaltig für diese Verhältnisse geworden, sie werden von ihnen gehemmt, und so bald sie dies Hemmniß überwinden, bringen sie die ganze bürgerliche Gesellschaft in Unordnung, gefährden sie die Existenz des bürgerlichen Eigenthums. Die bürgerlichen Verhältnisse sind zu eng geworden um den von ihnen erzeugten Reichthum zu fassen.—Wodurch überwindet die Bourgeoisie die Krisen? Einerseits durch die erzwungene Vernichtung einer Masse von Produktivkräften; andererseits durch die Eroberung neuer Märkte, und die gründlichere Ausbeutung der alten Märkte. Wodurch also? Dadurch, daß sie allseitigere und gewaltigere Krisen vorbereitet und die Mittel, den Krisen vorzubeugen, vermindert.

Die Waffen, womit die Bourgeoisie den Feudalismus zu Boden geschlagen hat, richten sich jetzt gegen die Bourgeoisie selbst.

Aber die Bourgeoisie hat nicht nur die Waffen geschmiedet, die ihr den Tod bringen; sie hat auch die Männer gezeugt, die diese Waffen führen werden—die modernen Arbeiter, die Proletarier.

In demselben Maße, worin sich die Bourgeoisie, d. h. das Kapital entwickelt, in demselben Maße entwickelt sich das Proletariat, die Klasse der modernen Arbeiter, die nur so lange leben als sie Arbeit finden, und die nur so lange Arbeit finden, als ihre Arbeit das Kapital vermehrt. Diese Arbeiter, die sich stückweis verkaufen müssen, sind eine Waare wie jeder andre Handelsartikel, und daher gleichmäßig allen Wechselfällen der Konkurrenz, allen Schwankungen des Marktes ausgesetzt.

Die Arbeit der Proletarier hat durch die Ausdehnung der Maschinerie und die Theilung der Arbeit allen selbstständigen Charakter und damit allen Reiz für den Arbeiter verloren. Er wird ein bloßes Zubehör der Maschine, von dem nur der einfachste, eintönigste, am leichtesten erlernbare Handgriff verlangt wird. Die Kosten die der Arbeiter verursacht, beschränken sich daher fast nur auf die Lebensmittel, die er zu seinem Unterhalt und zur Fortpflanzung seiner Race bedarf. Der Preis einer Waare, also auch der Arbeit ist aber gleich ihren Produktionskosten. In demselben Maße, in dem die Widerwärtigkeit der Arbeit wächst, nimmt daher der Lohn ab. Noch mehr, in demselben Maße wie Maschinerie und Theilung der Arbeit zunehmen, in demselben Maße nimmt auch die Masse der Arbeit zu, sei es durch Vermehrung der Arbeitsstunden, sei es durch Vermehrung der in einer gegebenen Zeit geforderten Arbeit, beschleunigten Lauf der Maschinen u. s. w.

Die moderne Industrie hat die kleine Werkstube des patriarchalischen Meisters in die große Fabrik des industriellen Kapitalisten verwandelt. Arbeiter-

Maſſen in der Fabrik zuſammengedrängt, werden ſoldatiſch organiſirt. Sie werden als gemeine Induſtrieſoldaten unter die Aufſicht einer vollſtändigen Hierarchie von Unteroffizieren und Offizieren geſtellt. Sie ſind nicht nur Knechte der Bourgeoisklaſſe, des Bourgeoisſtaates, ſie ſind täglich und ſtündlich geknechtet von der Maſchine, von dem Aufſeher, und vor Allem von dem einzelnen fabrizirenden Bourgeois ſelbſt. Dieſe Despotie iſt um ſo kleinlicher, gehäſſiger, erbitternder, je offener ſie den Erwerb als ihren letzten Zweck proklamirt.

Je weniger die Handarbeit Geſchicklichkeit und Kraftäußerung erheiſcht, d. h. je mehr die moderne Induſtrie ſich entwickelt, deſto mehr wird die Arbeit der Männer durch die der Weiber und Kinder verdrängt. Geſchlechts- und Alters-Unterſchiede haben keine geſellſchaftliche Geltung mehr für die Arbeiterklaſſe. Es gibt nur noch Arbeitsinſtrumente, die je nach Alter und Geſchlecht verſchiedene Koſten machen.

Iſt die Ausbeutung des Arbeiters durch den Fabrikanten ſo weit beendigt, daß er ſeinen Arbeitslohn baar ausgezahlt erhält, ſo fallen die andern Theile der Bourgeoiſie über ihn her, der Hausbeſitzer, der Krämer, der Pfandverleiher u. ſ. w.

Die bisherigen kleinen Mittelſtände, die kleinen Induſtriellen, Kaufleute und Rentiers, die Handwerker und Bauern, alle dieſe Klaſſen fallen ins Proletariat hinab, theils dadurch, das ihr kleines Kapital für den Betrieb der großen Induſtrie nicht ausreicht, und der Konkurrenz mit den größeren Kapitaliſten erliegt, theils dadurch, daß ihre Geſchicklichkeit von neuen Produktionsweiſen entwerthet wird. So rekrutirt ſich das Proletariat aus allen Klaſſen der Bevölkerung.

Das Proletariat macht verſchiedene Entwicklungsſtufen durch. Sein Kampf gegen die Bourgeoiſie beginnt mit ſeiner Exiſtenz.

Im Anfang kämpfen die einzelnen Arbeiter, dann die Arbeiter einer Fabrik, dann die Arbeiter eines Arbeitszweiges an einen Ort gegen den einzelnen Bourgeois, der ſie direkt ausbeutet. Sie richten ihre Angriffe nicht nur gegen die bürgerlichen Produktions-Verhältniſſe; ſie richten ſie gegen die Produktions-Inſtrumente ſelbſt; ſie vernichten die fremden konkurrirenden Waaren, ſie zerſchlagen die Maſchinen, ſie ſtecken die Fabriken in Brand, ſie ſuchen ſich die untergegangene Stellung des mittelalterlichen Arbeiters wieder zu erringen.

Auf dieſer Stufe bilden die Arbeiter eine über das ganze Land zerſtreute und durch die Konkurrenz zerſplitterte Maſſe. Maſſenhafteres Zuſammenhalten der Arbeiter iſt noch nicht die Folge ihrer eigenen Vereinigung, ſondern die Folge der Vereinigung der Bourgeoiſie, die zur Erreichung ihrer eigenen politiſchen Zwecke das ganze Proletariat in Bewegung ſetzen muß und es einſtweilen noch kann. Auf dieſer Stufe bekämpfen die Proletarier alſo nicht ihre Feinde, ſondern die Feinde ihrer Feinde, die Reſte der abſoluten Monarchie, die Grundeigenthümer, die nicht induſtriellen Bourgeois, die Kleinbürger. Die ganze geſchichtliche Bewegung iſt ſo in den Händen der Bourgeoiſie konzentrirt; jeder Sieg, der ſo errungen wird, iſt ein Sieg der Bourgeoiſie.

Aber mit der Entwicklung der Induſtrie vermehrt ſich nicht nur das Proletariat; es wird in größeren Maſſen zuſammengedrängt, ſeine Kraft wächſt und es fühlt ſie mehr. Die Intereſſen, die Lebenslagen innerhalb des Proletariats gleichen ſich immer mehr aus, indem die Maſchinerie mehr und mehr die Unterſchiede der Arbeit verwiſcht und den Lohn faſt überall auf ein gleich niedriges Niveau herabdrückt. Die wachſende Konkurrenz der Bourgeois unter ſich und die daraus hervorgehenden Handelskriſen machen den Lohn der Arbeiter immer ſchwankender; die immer raſcher ſich entwickelnde, unaufhörliche Verbeſſerung der Maſchinerie macht ihre ganze Lebensſtellung immer unſicherer; immer mehr nehmen die Kolliſionen zwiſchen dem einzelnen Arbeiter und dem einzelnen Bourgeois den Charakter von Kolliſionen zweier Klaſſen an. Die Arbeiter beginnen damit, Coalitionen gegen die Bourgeois zu bilden; sie treten zusammen zur Behauptung ihres Arbeitslohns. Sie stiften selbst dauernde Associationen, um sich für diese gelegentlichen Empörungen zu verproviantiren. Stellenweis bricht der Kampf in Emeuten aus.

Von Zeit zu Zeit siegen die Arbeiter, aber nur vorübergehend. Das eigentliche Resultat ihrer Kämpfe ist nicht der unmittelbare Erfolg, sondern die immer weiter um sich greifende Vereinigung der Arbeiter. Sie wird befördert durch die wachsenden Kommunikationsmittel, die von der großen Industrie erzeugt werden und die Arbeiter der verschiedenen Lokalitäten mit einander in Verbindung setzen. Es bedarf aber blos der Verbindung, um die vielen Lokalkämpfe von überall gleichem Charakter, zu einem nationalen, zu einem Klassenkampf zu centralisiren. Jeder Klassenkampf aber ist ein politischer Kampf. Und die Vereinigung, zu der die Bürger des Mittelalters mit ihren Vicinalwegen Jahrhunderte bedurften, bringen die modernen Proletarier mit den Eisenbahnen in wenigen Jahren zu Stande.

Diese Organisation der Proletarier zur Klasse, und damit zur politischen Partei, wird jeden Augenblick wieder gesprengt durch die Concurrenz unter den Arbeitern selbst. Aber sie ersteht immer wieder, stärker, fester, mächtiger. Sie erzwingt die Anerkennung einzelner Interessen der Arbeiter in Gesetzesform, indem sie die Spaltungen der Bourgeoisie unter sich benutzt. So die Zehnstundenbill in England.

Die Kollisionen der alten Gesellschaft überhaupt fördern mannichfach den Entwicklungsgang des Proletariats. Die Bourgeoisie befindet sich in fortwährendem Kampf; anfangs gegen die Aristokratie; später gegen die Theile der Bourgeoisie selbst, deren Interessen mit dem Fortschritt der Industrie in Widerspruch gerathen; stets gegen die Bourgeoisie aller auswärtigen Länder. In allen diesen Kämpfen sieht sie sich genöthigt an das Proletariat zu appelliren, seine Hülfe in Anspruch zu nehmen und es so in die politische Bewegung hineinzureißen. Sie selbst führt also dem Proletariat ihre eigenen Bildungselemente, d. h. Waffen gegen sich selbst zu.

Es werden ferner, wie wir sahen, durch den Fortschritt der Industrie ganze Bestandtheile der herrschenden Klasse in's Proletariat hinabgeworfen oder wenigstens in ihren Lebensbedingungen bedroht. Auch sie führen dem Proletariat eine Masse Bildungselemente zu.

In Zeiten endlich wo der Klassenkampf sich der Entscheidung nähert, nimmt der Auflösungsprozeß innerhalb der herrschenden Klasse, innerhalb der ganzen alten Gesellschaft, einen so heftigen, so grellen Charakter an, daß ein kleiner Theil der herrschenden Klasse sich von ihr lossagt und sich der revolutionären Klasse anschließt, der Klasse, welche die Zukunft in ihren Händen trägt. Wie daher früher ein Theil des Adels zur Bourgeoisie überging, so geht jetzt ein Theil der Bourgeoisie zum Proletariat über, und namentlich ein Theil der Bourgeois-Ideologen, welche zum theoretischen Verständniß der ganzen geschichtlichen Bewegung sich hinaufgearbeitet haben.

Von allen Klassen welche heutzutage der Bourgeoisie gegenüber stehen, ist nur das Proletariat eine wirklich revolutionäre Klasse. Die übrigen Klassen verkommen und gehen unter mit der großen Industrie, das Proletariat ist ihr eigenstes Produkt.

Die Mittelstände, der kleine Industrielle, der kleine Kaufmann, der Handwerker, der Bauer, sie Alle bekämpfen die Bourgeoisie, um ihre Existenz als Mittelstände, vor dem Untergang zu sichern. Sie sind also nicht revolutionär, sondern konservativ. Noch mehr, sie sind reaktionär, denn sie suchen das Rad der Geschichte zurückzudrehen. Sind sie revolutionär, so sind sie es im Hinblick auf den ihnen bevorstehenden Uebergang ins Proletariat, so vertheidigen sie nicht ihre gegenwärtigen, sondern ihre zukünftigen Interessen, so verlassen sie ihren eigenen Standpunkt um sich auf den des Proletariats zu stellen.

Das Lumpenproletariat, diese passive Verfaulung der untersten Schichten der alten Gesellschaft, wird durch eine proletarische Revolution stellenweise in die Bewegung hineingeschleudert, seiner ganzen Lebenslage nach wird es bereitwilliger sein sich zu reaktionären Umtrieben erkaufen zu lassen.

Die Lebensbedingungen der alten Gesellschaft sind schon vernichtet in den Lebensbedingungen des Proletariats. Der Proletarier ist eigenthumslos; sein Verhältniß zu Weib und Kindern hat nichts mehr gemein mit dem bürgerlichen Familienverhältniß; die moderne industrielle Arbeit, die moderne Unterjochung unter das Kapital, dieselbe in England wie in Frankreich, in Amerika wie in Deutschland, hat ihm allen nationalen Charakter abgestreift. Die Gesetze, die Moral, die Religion sind für ihn eben so viele bürgerliche Vorurtheile, hinter denen sich eben so viele bürgerliche Interessen verstecken.

Alle früheren Klassen, die sich die Herrschaft eroberten, suchten ihre schon erworbene Lebensstellung zu sichern, indem sie die ganze Gesellschaft den Bedingungen ihres Erwerbs unterwarfen. Die Proletarier können sich die gesellschaftlichen Produktivkräfte nur erobern, indem sie ihre eigene bisherige Aneignungsweise und damit die ganze bisherige Aneignungsweise abschaffen. Die Proletarier haben Nichts von dem Ihrigen zu sichern, sie haben alle bisherige Privatsicherheit und Privatversicherungen zu zerstören.

Alle bisherigen Bewegungen waren Bewegungen von Minoritäten oder im Interesse von Minoritäten. Die proletarische Bewegung ist die selbstständige Bewegung der ungeheuren Mehrzahl im Interesse der ungeheuren Mehrzahl. Das Proletariat, die unterste Schichte der jetzigen Gesellschaft, kann sich nicht erheben, nicht aufrichten, ohne daß der ganze Ueberbau der Schichten, die die offizielle Gesellschaft bilden, in die Luft gesprengt wird.

Obgleich dem Inhalt, ist der Form nach der Kampf des Proletariats gegen die Bourgeoisie zunächst ein nationaler. Das Proletariat eines jeden Landes muß natürlich zuerst mit seiner eigenen Bourgeoisie fertig werden.

Indem wir die allgemeinsten Phasen der Entwicklung des Proletariats zeichneten, verfolgten wir den mehr oder minder versteckten Bürgerkrieg innerhalb der bestehenden Gesellschaft bis zu dem Punkt, wo er in eine offene Revolution ausbricht und durch den gewaltsamen Sturz der Bourgeoisie das Proletariat seine Herrschaft begründet.

Alle bisherige Gesellschaft beruhte, wie wir gesehen haben, auf dem Gegensatz unterdrückender und unterdrückter Klassen. Um aber eine Klasse unterdrücken zu können, müssen ihr Bedingungen gesichert sein innerhalb deren sie wenigstens ihre knechtische Existenz fristen kann. Der Leibeigne hat sich zum Mitglied der Kommune in der Leibeigenschaft herangearbeitet, wie der Kleinbürger zum Bourgeois unter dem Joch des feudalistischen Absolotismus. Der moderne Arbeiter dagegen, statt sich mit dem Fortschritt der Industrie zu heben, sinkt immer tiefer unter die Bedingungen seiner eignen Klasse herab. Der Arbeiter wird zum Pauper, und der Pauperismus entwickelt sich noch rascher als Bevölkerung und Reichthum. Es tritt hiermit offen hervor, daß die Bourgeoisie unfähig ist noch länger die herrschende Klasse der Gesellschaft zu bleiben und die Lebensbedingungen ihrer Klasse der Gesellschaft als regelndes Gesetz aufzuzwingen. Sie ist unfähig zu herrschen, weil sie unfähig ist ihrem Sklaven die Existenz selbst innerhalb seiner Sklaverei zu sichern, weil sie gezwungen ist ihn in eine Lage herabsinken zu lassen, wo sie ihn ernähren muß, statt von ihm ernährt zu werden. Die Gesellschaft kann nicht mehr unter ihr leben, d. h. ihr Leben ist nicht mehr verträglich mit der Gesellschaft.

Die wesentlichste Bedingung für die Existenz und für die Herrschaft der Bourgeoisklaffe ist die Anhäufung des Reichthums in den Händen von Privaten, die Bildung und Vermehrung des Kapitals. Die Bedingung des Kapitals ist die Lohnarbeit. Die Lohnarbeit beruht ausschließlich auf der Konkurenz der Arbeiter unter sich. Der Fortschritt der Industrie, dessen willenloser und widerstandsloser Träger die Bourgeoisie ist, setzt an die Stelle der Isolirung der Arbeiter durch die Konkurenz ihre revolutionäre Vereinigung durch die Association. Mit der Entwicklung der großen Industrie wird also unter den Füßen der Bourgeoisie die Grundlage selbst weggezogen worauf sie produzirt und die Produkte sich aneignet. Sie produzirt vor Allem ihre eignen Todtengräber. Ihr Untergang und der Sieg des Proletariats sind gleich unvermeidlich.

II.
Proletarier und Kommunisten.

In welchem Verhältniß stehen die Kommunisten zu den Proletariern überhaupt?

Die Kommunisten sind keine besondere Partei gegenüber den andern Arbeiterparteien.

Sie haben keine von den Interessen des ganzen Proletariats getrennten Interessen.

Sie stellen keine besondern Prinzipien auf, wonach sie die proletarische Bewegung modeln wollen.

Die Kommunisten unterscheiden sich von den übrigen proletarischen Parteien nur dadurch, daß einerseits sie in den verschiedenen nationalen Kämpfen der Proletarier die gemeinsamen, von der Nationalität unabhängigen Interessen des gesammten Proletariats hervorheben und zur Geltung bringen, andrerseits dadurch, daß sie in den verschiedenen Entwicklungs-Stufen, welche der Kampf zwischen Proletariat und Bourgeoisie durchläuft, stets das Interesse der Gesammt-Bewegung vertreten.

Die Kommunisten sind also praktisch der entschiedenste immer weiter treibende Theil der Arbeiterparteien aller Länder, sie haben theoretisch vor der übrigen Masse des Proletariats die Einsicht in die Bedingungen, den Gang und die allgemeinen Resultate der proletarischen Bewegung voraus.

Der nächste Zweck der Kommunisten ist derselbe wie der aller übrigen proletarischen Parteien: Bildung des Proletariats zur Klasse, Sturz der Bourgeoisieherrschaft, Eroberung der politischen Macht durch das Proletariat.

Die theoretischen Sätze der Kommunisten beruhen keineswegs auf Ideen, auf Prinzipien, die von diesem oder jenem Weltverbesserer erfunden oder entdeckt sind.

Sie sind nur allgemeine Ausdrücke thatsächlicher Verhältnisse eines existirenden Klassenkampfes, einer unter unsern Augen vor sich gehenden geschichtlichen Bewegung. Die Abschaffung bisheriger Eigenthumsverhältnisse ist nichts den Kommunismus eigenthümlich Bezeichnendes.

Alle Eigenthumsverhältnisse waren einem beständigen geschichtlichen Wechsel, einer beständigen geschichtlichen Veränderung unterworfen.

Die französische Revolution z. B. schaffte das Feudal-Eigenthum zu Gunsten des bürgerlichen ab.

Was den Kommunismus auszeichnet, ist nicht die Abschaffung des Eigenthums überhaupt, sondern die Abschaffung des bürgerlichen Eigenthums.

Aber das moderne bürgerliche Privateigenthum ist der letzte und vollendetste Ausdruck der Erzeugung und Aneignung der Producte, die auf Klassengegensätzen, die auf der Ausbeutung der Einen durch die Andern beruht.

In diesem Sinn können die Kommunisten ihre Theorie in dem einen Ausdruck: Aufhebung des Privat-Eigenthums zusammenfassen.

Man hat uns Kommunisten vorgeworfen, wir wollten das persönlich erworbene, selbsterarbeitete Eigenthum abschaffen; das Eigenthum, welches die Grundlage aller persönlichen Freiheit, Thätigkeit und Selbstständigkeit bilde.

Erarbeitetes, erworbenes, selbstverdientes Eigenthum! Sprecht Ihr von dem kleinbürgerlichen, kleinbäuerlichen Eigenthum, welches dem bürgerlichen Eigenthum vorherging? Wir brauchen es nicht abzuschaffen, die Entwicklung der Industrie hat es abgeschafft und schafft es täglich ab.

Oder sprecht Ihr vom modernen bürgerlichen Privateigenthum?

Schafft aber die Lohnarbeit, die Arbeit des Proletariers ihm Eigenthum? Keineswegs. Sie schafft das Kapital, d. h. das Eigenthum, welches die Lohnarbeit ausbeutet, welches sich nur unter der Bedingung vermehren kann, daß es neue Lohnarbeit erzeugt, um sie von Neuem auszubeuten. Das Eigenthum in seiner heutigen Gestalt bewegt sich in dem Gegensatz von Kapital und Lohnarbeit. Betrachten wir die beiden Seiten dieses Gegensatzes. Kapitalist sein heißt nicht nur eine reinpersönliche, sondern eine gesellschaftliche Stellung in der Produktion einnehmen.

Das Kapital ist ein gemeinschaftliches Produkt und kann nur durch eine gemeinsame Thätigkeit vieler Mitglieder, ja in letzter Instanz nur durch die gemeinsame Thätigkeit aller Mitglieder der Gesellschaft in Bewegung gesetzt werden.

Das Kapital ist also keine persönliche, es ist eine gesellschaftliche Macht.

Wenn also das Kapital in gemeinschaftliches, allen Mitgliedern der Gesellschaft angehöriges Eigenthum verwandelt wird, so verwandelt sich nicht persönliches Eigenthum in gesellschaftliches. Nur der gesellschaftliche Charakter des Eigenthums verwandelt sich. Es verliert seinen Klassen-Charakter.

Kommen wir zur Lohnarbeit.

Der Durchschnittspreis der Lohnarbeit ist das Minimum des Arbeitslohnes, d. h. die Summe der Lebensmittel, die nothwendig sind, um den Arbeiter als Arbeiter am Leben zu erhalten. Was also der Lohnarbeiter durch seine Thätigkeit sich aneignet, reicht blos dazu hin, um sein nacktes Leben wieder zu erzeugen. Wir wollen diese persönliche Aneignung der Arbeitsprodukte zur Wiedererzeugung des unmittelbaren Lebens keineswegs abschaffen, eine Aneignung, die keinen Reinertrag übrig läßt, der Macht über fremde Arbeit geben könnte. Wir wollen nur den elenden Charakter dieser Aneignung aufheben, worin der Arbeiter nur lebt, um das Kapital zu vermehren, nur so weit lebt, wie es das Interesse der herrschenden Klasse erheischt.

In der bürgerlichen Gesellschaft ist die lebendige Arbeit nur ein Mittel, die aufgehäufte Arbeit zu vermehren. In der kommunistischen Gesellschaft ist die aufgehäufte Arbeit nur ein Mittel, um den Lebensprozeß der Arbeiter zu erweitern, zu bereichern, zu befördern.

In der bürgerlichen Gesellschaft herrscht also die Vergangenheit über die Gegenwart, in der kommunistischen die Gegenwart über die Vergangenheit. In der bürgerlichen Gesellschaft ist das Kapital selbstständig und persönlich, während das thätige Individuum unselbstständig und unpersönlich ist.

Und die Aufhebung dieses Verhältnisses nennt die Bourgeoisie Aufhebung der Persönlichkeit und Freiheit! Und mit Recht. Es handelt sich allerdings um die Aufhebung der Bourgeois-Persönlichkeit, Selbstständigkeit und Freiheit.

Unter Freiheit versteht man innerhalb der jetzigen bürgerlichen Produktions-Verhältnisse den freien Handel, den freien Kauf und Verkauf.

Fällt aber der Schacher, so fällt auch der freie Schacher. Die Redensarten vom freien Schacher, wie alle übrigen Freiheitsbravaden unserer Bourgeois haben überhaupt nur einen Sinn gegenüber dem gebundenen Schacher, gegenüber dem geknechteten Bürger des Mittelalters, nicht aber gegenüber der kommunistischen Aufhebung des Schachers, der bürgerlichen Produktions-Verhältnisse und der Bourgeoisie selbst.

Ihr entsetzt Euch darüber, daß wir das Privateigenthum aufheben wollen. Aber in Eurer bestehenden Gesellschaft ist das Privateigenthum für 9 Zehntel ihrer Mitglieder aufgehoben; es existirt gerade dadurch, daß es für 9 Zehntel nicht existirt. Ihr werft uns also vor, daß wir ein Eigenthum aufheben wollen, welches die Eigenthumslosigkeit der ungeheuren Mehrzahl der Gesellschaft als nothwendige Bedingung voraussetzt.

Ihr werft uns mit Einem Wort vor, daß wir Euer Eigenthum aufheben wollen. Allerdings das wollen wir.

Von dem Augenblick an, wo die Arbeit nicht mehr in Kapital, Geld, Grundrente, kurz, in eine monopolisirbare gesellschaftliche Macht verwandelt werden kann, d. h. von dem Augenblick, wo das persönliche Eigenthum nicht mehr in bürgerliches umschlagen kann, von dem Augenblick an erklärt Ihr die Person sei aufgehoben.

Ihr gesteht also, daß Ihr unter der Person Niemanden anders versteht, als den Bourgeois, den bürgerlichen Eigenthümer. Und diese Person soll allerdings aufgehoben werden.

Der Kommunismus nimmt keinem die Macht sich gesellschaftliche Produkte anzueignen, er nimmt nur die Macht sich durch diese Aneignung fremde Arbeit zu unterjochen.

Man hat eingewendet, mit der Aufhebung des Privateigenthums werde alle Thätigkeit aufhören und eine allgemeine Faulheit einreißen.

Hiernach müßte die bürgerliche Gesellschaft längst an der Trägheit zu Grunde gegangen sein; denn die in ihr arbeiten, erwerben nicht, und die in ihr erwerben, arbeiten nicht. Das ganze Bedenken läuft auf die Tautologie hinaus, daß es keine Lohnarbeit mehr gibt, sobald es kein Kapital mehr gibt.

Alle Einwürfe die gegen die kommunistische Aneignungs- und Produktionsweise der materiellen Produkte gerichtet werden, sind eben so auf die Aneignung und Produktion der geistigen Produkte ausgedehnt worden. Wie für den Bourgeois das Aufhören des Klasseneigenthums das Aufhören der Produktion selbst ist, so ist für ihn das Aufhören der Klassenbildung identisch mit dem Aufhören der Bildung überhaupt.

Die Bildung, deren Verlust er bedauert, ist für die enorme Mehrzahl die Heranbildung zur Maschine.

Aber streitet nicht mit uns, indem Ihr an Euren bürgerlichen Vorstellungen von Freiheit, Bildung, Recht u. s. w. die Abschaffung des bürgerlichen Eigenthums meßt. Eure Ideen selbst sind Erzeugnisse der bürgerlichen Produktions- und Eigenthums-Verhältnisse, wie Euer Recht nur der zum Gesetz erhobene Wille Eurer Klasse ist, ein Wille, dessen Inhalt gegeben ist in den materiellen Lebensbedingungen Eurer Klasse.

Die interessirte Vorstellung, worin Ihr Eure Produktions- und Eigenthumsverhältnisse aus geschichtlichen, in dem Lauf der Produktion vorübergehenden Verhältnissen in ewige Natur und Vernunftgesetze verwandelt, theilt Ihr mit allen untergegangenen herrschenden Klassen. Was Ihr für das antike Eigenthum begreift, was Ihr für das feudale Eigenthum begreift, dürft Ihr nicht mehr begreifen für das bürgerliche Eigenthum.

Aufhebung der Familie! Selbst die Radikalsten ereifern sich über diese schändliche Absicht der Kommunisten.

Worauf beruht die gegenwärtige, die bürgerliche Familie? Auf dem Kapital, auf dem Privaterwerb. Vollständig entwickelt existirt sie nur für die Bourgeoisie; aber sie findet ihre Ergänzung in der erzwungenen Familienlosigkeit der Proletarier und der öffentlichen Prostitution.

Die Familie des Bourgeois fällt natürlich weg, mit dem Wegfallen dieser ihrer Ergänzung und beide verschwinden mit dem Verschwinden des Kapitals. Werft Ihr uns vor, daß wir die Ausbeutung der Kinder durch ihre Eltern aufheben wollen? Wir gestehen dies Verbrechen ein. Aber sagt Ihr, wir heben die trautesten Verhältnisse auf, indem wir an die Stelle der häuslichen Erziehung die gesellschaftliche setzen.

Und ist nicht auch Eure Erziehung durch die Gesellschaft bestimmt? Durch die gesellschaftlichen Verhältnisse, innerhalb deren Ihr erzieht, durch die direktere oder indirektere Einmischung der Gesellschaft vermittelst der Schule u. f. w.? Die Kommunisten erfinden nicht die Einwirkung der Gesellschaft auf die Erziehung; sie verändern nur ihren Charakter, sie entreißen die Erziehung dem Einfluß einer herrschenden Klasse.

Die bürgerlichen Redensarten über Familie und Erziehung über das traute Verhältniß von Eltern und Kindern werden um so ekelhafter, je mehr in Folge der großen Industrie alle Familienbande für die Proletarier zerrissen und die Kinder in einfache Handelsartikel und Arbeitsinstrumente verwandelt werden.

Aber Ihr Kommunisten wollt die Weibergemeinschaft einführen, schreit uns die ganze Bourgeoisie im Chor entgegen.

Der Bourgeois sieht in seiner Frau ein bloßes Produktions-Instrument. Er hört, daß die Produktions-Instrumente gemeinschaftlich ausgebeutet werden sollen und kann sich natürlich nicht anders denken, als daß das Loos der Gemeinschaftlichkeit die Weiber gleichfalls treffen wird.

Er ahnt nicht, daß es sich eben darum handelt, die Stellung der Weiber als bloßer Produktions-Instrumente aufzuheben.

Uebrigens ist nichts lächerlicher als das hochmoralische Entsetzen unsrer Bourgeois über die angebliche officielle Weibergemeinschaft der Kommunisten. Die Kommunisten brauchen die Weibergemeinschaft nicht einzuführen, sie hat fast immer existirt.

Unsre Bourgeois nicht zufrieden damit, daß ihnen die Weiber und Töchter ihrer Proletarier zur Verfügung stehen, von der officiellen Prostitution gar nicht zu sprechen, finden ein Hauptvergnügen darin ihre Ehefrauen wechselseitig zu verführen.

Die bürgerliche Ehe ist in Wirklichkeit die Gemeinschaft der Ehefrauen. Man könnte höchstens den Kommunisten vorwerfen, daß sie an die Stelle einer heuchlerisch versteckten, eine officielle, offenherzige Weibergemeinschaft einführen wollen. Es versteht sich übrigens von selbst, daß mit Aufhebung der jetzigen Produktions-Verhältnisse auch die aus ihnen hervorgehende Weibergemeinschaft, d. h. die officielle und nicht officielle Prostitution verschwindet.

Den Kommunisten ist ferner vorgeworfen worden, sie wollten das Vaterland, die Nationalität abschaffen.

Die Arbeiter haben kein Vaterland. Man kann ihnen nicht nehmen, was sie nicht haben. Indem das Proletariat zunächst sich die politische Herrschaft erobern, sich zur nationalen Klasse erheben, sich selbst als Nation konstituiren muß, ist es selbst noch national, wenn auch keineswegs im Sinne der Bourgeoisie.

Die nationalen Absonderungen und Gegensätze der Völker verschwinden mehr und mehr schon mit der Entwicklung der Bourgeoisie, mit der Handelsfreiheit, dem Weltmarkt, der Gleichförmigkeit der industriellen Produktion und der ihr entsprechenden Lebensverhältnisse.

Die Herrschaft des Proletariats wird sie noch mehr verschwinden machen. Vereinigte Aktion wenigstens der civilisirten Länder ist eine der ersten Bedingungen seiner Befreiung.

In dem Maße wie die Exploitation des einen Individuums durch das andere aufgehoben wird, wird die Exploitation einer Nation durch die andre aufgehoben.

Mit dem Gegensaß der Klassen im Innern der Nationen fällt die feindliche Stellung der Nationen gegen einander.

Die Anklagen gegen den Kommunismus, die von religiösen, philosophischen und ideologischen Gesichtspunkten überhaupt erhoben werden, verdienen keine ausführlichere Erörterung.

Bedarf es tiefer Einsicht um zu begreifen, daß mit den Lebensverhältnissen der Menschen, mit ihren gesellschaftlichen Beziehungen, mit ihrem gesellschaftlichen Dasein auch ihre Vorstellungen, Anschauungen und Begriffe, mit einem Worte auch ihr Bewußtsein sich ändert?

Was beweist die Geschichte der Ideen anders, als daß die geistige Produktion sich mit der materiellen umgestaltet. Die herrschenden Ideen einer Zeit waren stets nur die Ideen der herrschenden Klasse.

Man spricht von Ideen, welche eine ganze Gesellschaft revolutioniren; man spricht damit nur die Thatsache aus, daß sich innerhalb der alten Gesellschaft die Elemente einer neuen gebildet haben, daß mit der Auflösung der alten Lebensverhältnisse die Auflösung der alten Ideen gleichen Schritt hält.

Als die alte Welt im Untergehen begriffen war, wurden die alten Religionen von der christlichen Religion besiegt. Als die christlichen Ideen im 18. Jahrhundert den Aufklärungs=Ideen unterlagen, rang die feudale Gesellschaft ihren Todeskampf mit der damals revolutionären Bourgeoisie. Die Ideen der Gewissens= und Religionsfreiheit sprachen nur die Herrschaft der freien Konkurrenz auf dem Gebiet des Gewissens aus.

Aber wird man sagen, religiöse, moralische, philosophische, politische, rechtliche Ideen u. s. w. modificirten sich allerdings im Lauf der geschichtlichen Entwicklung. Die Religion, die Moral, die Philosophie, die Politik, das Recht, erhielten sich stets in diesem Wechsel.

Es gibt zudem ewige Wahrheiten wie Freiheit, Gerechtigkeit u. s. w., die allen gesellschaftlichen Zuständen gemeinsam sind. Der Kommunismus aber schafft die ewigen Wahrheiten ab, er schafft die Religion ab, die Moral, statt sie neu zu gestalten, er widerspricht also allen bisherigen geschichtlichen Entwicklelungen.

Worauf reducirt sich diese Anklage? Die Geschichte der ganzen bisherigen Gesellschaft bewegte sich in Klassengegensätzen, die in den verschiedenen Epochen verschieden gestaltet waren.

Welche Form sie aber auch immer angenommen, die Ausbeutung des einen Theils der Gesellschaft durch den andern ist eine allen vergangenen Jahrhunderten gemeinsame Thatsache. Kein Wunder daher, daß das gesellschaftliche Bewußtsein aller Jahrhunderte aller Mannigfaltigkeit und Verschiedenheit zum Troß, in gewissen gemeinsamen Formen sich bewegt, Formen, Bewußtseinsformen, die nur mit dem gänzlichen Verschwinden des Klassengegensatzes sich vollständig auflösen.

Die kommunistische Revolution ist das radikalste Brechen mit den überlieferten Eigenthums=Verhältnissen, kein Wunder, daß in ihrem Entwicklungsgange am radikalsten mit den überlieferten Ideen gebrochen wird.

Doch lassen wir die Einwürfe der Bourgeoisie gegen den Kommunismus.

Wir sahen schon oben, daß der erste Schritt in der Arbeiter=Revolution die Erhebung des Proletariats zur herrschenden Klasse, die Erkämpfung der Demokratie ist.

Das Proletariat wird seine politische Herrschaft dazu benutzen der Bourgeoisie nach und nach alles Kapital zu entreißen, alle Produktions=Instrumente in den Händen des Staats, d. h. des als herrschende Klasse organisirten Proletariats zu centralisiren und die Masse der Produktionskräfte möglichst rasch zu vermehren.

Es kann dies natürlich zunächst nur geschehen vermittelst despotischer Eingriffe in das Eigenthumsrecht und in die bürgerlichen Produktions-Verhältnisse, durch Maaßregeln also, die ökonomisch unzureichend und unhaltbar erscheinen, die aber im Lauf der Bewegung über sich selbst hinaus treiben und als Mittel zur Umwälzung der ganzen Produktionsweise unvermeidlich sind.

Diese Maaßregeln werden natürlich je nach den verschiedenen Ländern verschieden sein.

Für die fortgeschrittensten Länder werden jedoch die folgenden ziemlich allgemein in Anwendung kommen können:

1) Expropriation des Grundeigenthums und Verwendung der Grundrente zu Staatsausgaben.
2) Starke Progressiv-Steuer.
3) Abschaffung des Erbrechts.
4) Konfiskation des Eigenthums aller Emigranten und Rebellen.
5) Centralisation des Kredits in den Händen des Staats durch eine Nationalbank mit Staatskapital und ausschließlichem Monopol.
6) Centralisation alles Transportwesens in den Händen des Staats.
7) Vermehrung der Nationalfabriken, Produktions-Instrumente, Urbarmachung und Verbesserung der Ländereien nach einem gemeinschaftlichen Plan.
8) Gleicher Arbeitszwang für Alle, Errichtung industrieller Armeen besonders für den Ackerbau.
9) Vereinigung des Betriebs von Ackerbau und Industrie, Hinwirken auf die allmählige Beseitigung des Gegensatzes von Stadt und Land.
10) Oeffentliche und unentgeldliche Erziehung aller Kinder. Beseitigung der Fabrikarbeit der Kinder in ihrer heutigen Form. Vereinigung der Erziehung mit der materiellen Produktion u. s. w., u. s. w.

Sind im Laufe der Entwicklung die Klassenunterschiede verschwunden, und ist alle Produktion in den Händen der associrten Individuen koncentrirt, so verliert die öffentliche Gewalt den politischen Charakter. Die politische Gewalt im eigentlichen Sinn ist die organisirte Gewalt einer Klasse zur Unterdrückung einer andern. Wenn das Proletariat im Kampfe gegen die Bourgeoisie sich nothwendig zur Klasse vereint, durch eine Revolution sich zur herrschenden Klasse macht, und als herrschende Klasse gewaltsam die alten Produktions-Verhältnisse aufhebt, so hebt es mit diesen Produktions-Verhältnissen die Existenz-Bedingungen des Klassengegensatzes und Klassen überhaupt, und damit seine eigene Herrschaft als Klasse auf.

An die Stelle der alten bürgerlichen Gesellschaft mit ihren Klassen und Klassen-Gegensätzen tritt eine Association, worin die freie Entwicklung eines Jeden, die Bedingung für die freie Entwicklung Aller ist.

III.

Socialistische und kommunistische Literatur.

1) Der reaktionaire Socialismus.

a) Der feudale Socialismus.

Die französische und englische Aristokratie war ihrer geschichtlichen Stellung nach dazu berufen, Pamphlete gegen die moderne bürgerliche Gesellschaft zu schreiben. In der französischen Julirevolution von 1830, in der englischen Reformbewegung war sie noch einmal dem verhaßten Emporkömmling erlegen. Von einem ernsten politischen Kampfe konnte nicht mehr die Rede sein. Nur der literarische Kampf blieb ihr übrig. Aber auch auf dem Gebiete der Literatur waren die alten Redensarten der Restaurationszeit unmöglich geworden. Um Sympathie zu erregen, mußte die Aristokratie scheinbar ihre Interessen aus den Augen verlieren und nur noch im Interesse der exploitirten Arbeiterklasse ihren Anklageakt gegen die Bourgeoisie formuliren. Sie bereitete sich so die Genugthuung vor, Schmählieder auf ihren neuen Herrscher singen und mehr oder minder unheilschwangere Prophezeihungen ihm in's Ohr raunen zu dürfen.

Auf diese Art entstand der feudalistische Socialismus, halb Klagelied, halb Pasquill, halb Rückhall der Vergangenheit, halb Dräuen der Zukunft, mitunter die Bourgeoisie in's Herz treffend durch bittres, geistreich zerreißendes Urtheil, stets komisch wirkend durch gänzliche Unfähigkeit den Gang der modernen Geschichte zu begreifen.

Den proletarischen Bettlersack schwenkten sie als Fahne in der Hand, um das Volk hinter sich her zu versammeln. So oft es ihnen aber folgte, erblickte es auf ihrem Hintern die alten feudalen Wappen und verlief sich mit lautem und unehrerbietigem Gelächter.

Ein Theil der französischen Legitimisten und das junge England gaben dies Schauspiel zum Besten.

Wenn die Feudalen beweisen, daß ihre Weise der Ausbeutung anders gestaltet war als die bürgerliche Ausbeutung, so vergessen sie nur, daß sie unter gänzlich verschiedenen und jetzt überlebten Umständen und Bedingungen ausbeuteten. Wenn sie nachweisen, daß unter ihrer Herrschaft nicht das moderne Proletariat existirt hat, so vergessen sie nur, daß eben die moderne Bourgeoisie ein nothwendiger Sprößling ihrer Gesellschaftsordnung war.

Uebrigens verheimlichen sie den reaktionären Charakter ihrer Kritik so wenig, daß ihre Hauptanklage gegen die Bourgeoisie eben darin besteht, unter ihrem Regime entwickele sich eine Klasse, welche die ganze alte Gesellschaftsordnung in die Luft sprengen werde.

Sie werfen der Bourgeoisie mehr noch vor, daß sie ein revolutionares Proletariat, als daß sie überhaupt ein Proletariat erzeugt.

In der politischen Praxis nehmen sie daher an allen Gewaltmaßregeln gegen die Arbeiterklasse Theil, und im gewöhnlichen Leben bequemen sie sich, allen ihren aufgeblähten Redensarten zum Trotz, die goldenen Aepfel aufzulesen, und Treue, Liebe, Ehre mit dem Schacher in Schaafswolle, Runkelrüben und Schnapps zu vertauschen.

Wie der Pfaffe immer Hand in Hand ging mit dem Feudalen, so der pfäffische Socialismus mit dem feudalistischen.

Nichts leichter als dem christlichen Ascetismus einen socialistischen Anstrich zu geben. Hat das Christenthum nicht auch gegen das Privateigenthum, gegen die Ehe, gegen den Staat geeifert? Hat es nicht die Wohlthätigkeit und den Bettel, das Cölibat und die Fleischesertödtung, das Zellenleben und die Kirche an ihre Stelle gepredigt? Der heilige Socialismus ist nur das Weihwasser, womit der Pfaffe den Aerger des Aristokraten einsegnet.

b) **Kleinbürgerlicher Socialismus.**

Die feudale Aristokratie ist nicht die einzige Klasse, welche durch die Bourgeoisie gestürzt wurde, deren Lebensbedingungen in der modernen bürgerlichen Gesellschaft verkümmerten und abstarben. Das mittelalterliche Pfahlbürgerthum und der kleine Bauernstand waren die Vorläufer der modernen Bourgeoisie. In den weniger industriell und kommerciell entwickelten Ländern vegetirt diese Klasse noch fort neben der aufkommenden Bourgeoisie.

2

In den Ländern, wo sich die moderne Civilisation entwickelt hat, hat sich eine neue Kleinbürgerschaft gebildet, die zwischen dem Proletariat und der Bourgeoisie schwebt und als ergänzender Theil der bürgerlichen Gesellschaft stets von Neuem sich bildet, deren Mitglieder aber beständig durch die Konkurrenz in's Proletariat hinabgeschleudert werden, ja selbst mit der Entwicklung der großen Industrie einen Zeitpunkt herannahen sehen, wo sie als selbstständiger Theil der modernen Gesellschaft gänzlich verschwinden, und im Handel, in der Manufaktur, in der Agrikultur durch Arbeitsaufseher und Domestiken ersetzt werden.

In Ländern wie in Frankreich, wo die Bauernklasse weit mehr als die Hälfte der Bevölkerung ausmacht, war es natürlich, daß Schriftsteller, die für das Proletariat gegen die Bourgeoisie auftraten, an ihre Kritik des Bourgeois-regime's den kleinbürgerlichen und kleinbäuerlichen Maaßstab anlegten und die Partei der Arbeiter vom Standpunkt des Kleinbürgerthums ergriffen. Es bildete sich so der kleinbürgerliche Socialismus. Sismondi ist das Haupt dieser Literatur nicht nur für Frankreich sondern auch für England.

Dieser Socialismus zergliederte höchst scharfsinnig die Widersprüche in den modernen Produktionsverhältnissen. Er enthüllte die gleißnerischen Beschönigungen der Oekonomen. Er wies unwiderleglich die zerstörenden Wirkungen der Maschinerie und der Theilung der Arbeit nach, die Koncentration der Kapitalien und des Grundbesitzes, die Ueberproduktion, die Krisen, den nothwendigen Untergang der kleinen Bürger und Bauern, das Elend des Proletariats, die Anarchie in der Produktion, die schreienden Mißverhältnisse in der Vertheilung des Reichthums, den industriellen Vernichtungskrieg der Nationen unter einander, die Auflösung der alten Sitten, der alten Familien-Verhältnisse, der alten Nationalitäten.

Seinem positiven Gehalte nach will jedoch dieser Socialismus entweder die alten Produktions- und Verkehrsmittel wiederherstellen und mit ihnen die alten Eigenthumsverhältnisse und die alte Gesellschaft, oder er will die modernen Produktions- und Verkehrsmittel in den Rahmen der alten Eigenthumsverhältnisse, die von ihnen gesprengt werden, gesprengt werden mußten, gewaltsam wieder einsperren. In beiden Fällen ist er reaktionär und utopistisch zugleich. Zunftwesen in der Manufaktur und patriarchalische Wirthschaft auf dem Lande, das sind seine letzten Worte.

In ihrer weitern Entwicklung hat sich diese Richtung in einen feigen Katzenjammer verlaufen.

c) Der deutsche oder der wahre Socialismus.

Die socialistische und kommunistische Literatur Frankreichs, die unter dem Druck einer herrschenden Bourgeoisie entstand und der literarische Ausdruck des Kampfs gegen diese Herrschaft ist, wurde nach Deutschland eingeführt zu einer Zeit, wo die Bourgeoisie so eben ihren Kampf gegen den feudalen Absolutismus begann.

Deutsche Philosophen, Halbphilosophen und Schöngeister bemächtigten sich gierig dieser Literatur und vergaßen nur, daß bei der Einwanderung jener Schriften aus Frankreich die französischen Lebensverhältnisse nicht gleichzeitig nach Deutschland eingewandert waren. Den deutschen Verhältnissen gegenüber verlor die französische Literatur alle unmittelbar praktische Bedeutung und nahm ein rein literarisches Aussehen an. Als müßige Spekulation über die wahre Gesellschaft, über die Verwirklichung des menschlichen Wesens mußte sie erscheinen. So hatten für die deutschen Philosophen des 18. Jahrhunderts die Forderungen der ersten französischen Revolution nur den Sinn, Forderungen der „praktischen Vernunft" im Allgemeinen zu sein und die Willensäußerung der revolutionären französischen Bourgeoisie bedeuteten in ihren Augen die Gesetze des reinen Willens, des Willens wie er sein muß, des wahrhaft menschlichen Willens.

Die ausschließliche Arbeit der deutschen Literaten bestand darin, die neuen französischen Ideen mit ihrem alten philosophischen Gewissen in Einklang zu setzen, oder vielmehr von ihrem philosophischen Standpunkt aus die französischen Ideen sich anzueignen.

Diese Aneignung geschah in derselben Weise, wodurch man sich überhaupt eine fremde Sprache aneignet, durch die Uebersetzung.

Es ist bekannt wie die Mönche Manuscripte, worauf die klassischen Werke der alten Heidenzeit verzeichnet waren, mit abgeschmackten katholischen Heiligengeschichten überschrieben. Die deutschen Literaten gingen umgekehrt mit der profanen französischen Literatur um. Sie schrieben ihren philosophischen Unsinn hinter das französische Original. Z. B. hinter die französische Kritik der Geldverhältnisse schrieben sie „Entäußerung des menschlichen Wesens", hinter die französische Kritik des Bourgeoisstaats schrieben sie „Aufhebung der Herrschaft des abstrakt Allgemeinen" u. s. w.

Diese Unterschiebung ihrer philosophischen Redensarten unter die französischen Entwicklungen tauften sie „Philosophie der That," „wahrer Socialismus," „Deutsche Wissenschaft des Socialismus," „Philosophische Begründung des Socialismus u. s. w.

Die französisch-socialistisch kommunistische Literatur wurde so förmlich entmannt. Und da sie in der Hand des Deutschen aufhörte, den Kampf einer Klasse gegen die andere auszudrücken, so war der Deutsche sich bewußt, die französische Einseitigkeit überwunden, statt wahrer Bedürfnisse, das Bedürfniß der Wahrheit, und statt der Interessen des Proletariers die Interessen des menschlichen Wesens, des Menschen überhaupt vertreten zu haben, des Menschen, der keiner Klasse, der überhaupt nicht der Wirklichkeit, der nur dem Dunsthimmel der philosophischen Phantasie angehört.

Dieser deutsche Socialismus, der seine unbeholfene Schulübungen so ernst und feierlich nahm und so marktschreierisch ausposaunte, verlor indeß nach und nach seine pedantische Unschuld.

Der Kampf der deutschen namentlich der preußischen Bourgeoisie gegen die Feudalen und das absolute Königthum, mit einem Wort, die liberale Bewegung wurde ernsthafter.

Dem wahren Socialismus war so erwünschte Gelegenheit geboten, der politischen Bewegung die socialistischen Forderungen gegenüber zu stellen.

Die überlieferten Anatheme gegen den Liberalismus, gegen den Repräsentativ-Staat, gegen die bürgerliche Konkurrenz, bürgerliche Preßfreiheit, bürgerliches Recht, bürgerliche Freiheit und Gleichheit zu schleudern und der Volksmasse vorzupredigen, wie sie bei dieser bürgerlichen Bewegung nichts zu gewinnen, vielmehr Alles zu verlieren habe. Der deutsche Socialismus vergaß rechtzeitig, daß die französische Kritik, deren geistloses Echo er war, die moderne bürgerliche Gesellschaft mit den entsprechenden materiellen Lebensbedingungen und der angemessenen politischen Konstitution voraussetzt, lauter Voraussetzungen, um deren Erkämpfung es sich erst in Deutschland handelte.

Er diente den deutschen absoluten Regierungen mit ihrem Gefolge von Pfaffen, Schulmeistern, Krautjunkern und Büreaukraten als erwünschte Vogelscheuche gegen die drohend aufstrebende Bourgeoisie.

Er bildete die süßliche Ergänzung zu den bittern Peitschenhieben und Flintenkugeln, womit dieselben Regierungen die deutschen Arbeiter-Aufstände bearbeiteten.

Ward der wahre Socialismus dergestalt eine Waffe in der Hand der Regierungen gegen die deutsche Bourgeoisie, so vertrat er auch unmittelbar ein reactionäres Interesse, das Interesse der deutschen Pfahlbürgerschaft. In Deutschland bildet das vom sechzehnten Jahrhundert her überlieferte und seit der Zeit in verschiedener Form hier immer neu wieder auftauchende Kleinbürgerthum die eigentliche gesellschaftliche Grundlage der bestehenden Zustände.

Seine Erhaltung ist die Erhaltung der bestehenden deutschen Zustände. Von der industriellen und politischen Herrschaft der Bourgeoisie fürchtet es den sichern Untergang, einer Seits in Folge der Koncentration des Kapitals, anderer Seits durch das Aufkommen eines revolutionären Proletariats. Der wahre Socialismus schien ihm beide Fliegen mit einer Klappe zu schlagen. Er verbreitete sich wie eine Epidemie.

Das Gewand, gewirkt aus spekulativem Spinnweb, überstickt mit schöngeistigen Redeblumen, durchtränkt von liebesschwülem Gemüthsthau, dies überschwängliche Gewand, worin die deutschen Socialisten ihre paar knöchernen ewigen Wahrheiten einhüllten, vermehrte nur den Absatz ihrer Waare bei diesem Publikum.

Seiner Seits erkannte der deutsche Socialismus immer mehr seinen Beruf, der hochtrabende Vertreter dieser Pfahlbürgerschaft zu sein.

Er proklamirte die deutsche Nation als die normale Nation und den deutschen Spießbürger als den Normal-Menschen. Er gab jeder Niedertracht desselben einen verborgenen höheren socialistischen Sinn, worin sie ihr Gegentheil bedeutete. Er zog die letzte Konsequenz, indem er direkt gegen die rohdestruktive Richtung des Kommunismus auftrat, und seine unparteiische Erhabenheit über alle Klassenkämpfe verkündete. Mit sehr wenigen Ausnahmen gehören alles, was in Deutschland von angeblich socialistischen und kommunistischen Schriften cirkulirt, in den Bereich dieser schmutzigen entnervenden Literatur.

2) Der konservative oder Bourgeois-Socialismus.

Ein Theil der Bourgeoisie wünscht den socialen Mißständen abzuhelfen, um den Bestand der bürgerlichen Gesellschaft zu sichern.

Es gehören hierher, Oekonomisten, Philantropen, Humanitäre, Verbesserer der Lage der arbeitenden Klassen, Wohlthätigkeits-Organisirer, Abschaffer der Thierquälerei, Mäßigkeits-Vereinsstifter, Winkelreformer der buntscheckigsten Art. Und auch zu ganzen Systemen ist dieser Bourgeois-Socialismus ausgearbeitet worden.

Als Beispiel führen wir Proudhon's Philosophie de la misère an.

Die socialistischen Bourgeois wollen die Lebensbedingungen der modernen Gesellschaft ohne die nothwendig daraus hervorgehenden Kämpfe und Gefahren. Sie wollen die bestehende Gesellschaft mit Abzug der sie revolutionirenden und sie auflösenden Elemente. Sie wollen die Bourgeoisie ohne das Proletariat. Die Bourgeoisie stellt sich die Welt, worin sie herrscht, natürlich als die beste Welt vor. Der Bourgeois-Socialismus arbeitet diese tröstliche Vorstellung zu einem halben oder ganzen System aus. Wenn er das Proletariat auffordert seine Systeme zu verwirklichen, um in das neue Jerusalem einzugehen, so verlangt er im Grunde nur, daß es in der jetzigen Gesellschaft stehen bleibe, aber seine gehässigen Vorstellungen von derselben abstreife.

Eine zweite, weniger systematische und mehr praktische Form des Socialismus suchte der Arbeiterklasse jede revolutionäre Bewegung zu verleiden, durch den Nachweis, wie nicht diese oder jene politische Veränderung, sondern nur eine Veränderung der materiellen Lebensverhältnisse, der ökonomischen Ver-

hältnisse ihr von Nutzen sein könne. Unter Veränderung der materiellen Lebensverhältnisse versteht dieser Socialismus aber keineswegs Abschaffung der bürgerlichen Produktions-Verhältnisse, die nur auf revolutionärem Wege möglich
ist, sondern administrative Verbesserungen, die auf dem Boden dieser Produktionsverhältnisse vor sich gehen; also an dem Verhältniß von Kapital und
Lohnarbeit nichts ändern, sondern im besten Fall der Bourgeoisie die Kosten
ihrer Herrschaft vermindern und ihren Staatshaushalt vereinfachen.

Seinen entsprechenden Ausdruck erreicht der Bourgeois-Socialismus erst
da, wo er zur bloßen rednerischen Figur wird.

Freier Handel! im Interesse der arbeitenden Klasse; Schutzzölle! im Interesse
der arbeitenden Klasse; Zellengefängnisse! im Interesse der arbeitenden Klasse,
das ist das letzte, das einzig ernst gemeinte Wort des Bourgeois-Socialismus.

Ihr Socialismus besteht eben in der Behauptung, daß die Bourgeois
Bourgeois sind—im Interesse der arbeitenden Klasse.

3) Der kritisch-utopistische Socialismus und Kommunismus.

Wir reden hier nicht von der Literatur, die in allen großen modernen Revo-
lutionen die Forderungen des Proletariats aussprach (Schriften Babeufs
u. s. w.).

Die ersten Versuche des Proletariats in einer Zeit allgemeiner Aufregung,
in der Periode des Umsturzes der feudalen Gesellschaft direkt sein eignes Klasseninteresse durchzusetzen, scheiterten nothwendig an der unentwickelten Gestalt
des Proletariats selbst, wie an dem Mangel der materiellen Bedingungen seiner Befreiung, die eben erst das Produkt der bürgerlichen Epoche sind. Die
revolutionäre Literatur, welche diese'ersten Bewegungen des Proletariats beglei-
tete, ist dem Inhalt nach nothwendig reaktionär. Sie lehrt einen allgemeinen
Ascetismus und eine rohe Gleichmacherei.

Die eigentlich socialistischen und kommunistischen Systeme, die Systeme
St. Simons, Fourriers, Owens u. s. w. tauchen auf in der ersten unentwickelten Periode des Kampfs zwischen Proletariat und Bourgeoisie, die wir oben
dargestellt haben. (S. Bourgeoisie und Proletariat.)

Die Erfinder dieser Systeme sehen zwar den Gegensatz der Klassen, wie die
Wirksamkeit der auflösenden Elemente in der herrschenden Gesellschaft selbst.
Aber sie erblicken auf der Seite des Proletariats keine geschichtliche Selbstthätig-
keit, keine ihm eigenthümliche politische Bewegung.

Da die Entwicklung des Klassengegensatzes gleichen Schritt hält mit der
Entwicklung der Industrie, finden sie eben so wenig die materiellen Bedingungen zur Befreiung des Proletariats vor, und suchen nach einer socialen Wissenschaft, nach socialen Gesetzen, um diese Bedingungen zu schaffen.

An die Stelle der gesellschaftlichen Thätigkeit muß ihre persönlich erfinde-
rische Thätigkeit treten, an die Stelle der geschichtlichen Bedingungen der Befreiung phantastische, an die Stelle der allmählig vor sich gehenden Organisation
des Proletariats zur Klasse eine eigens ausgeheckte Organisation der Gesellschaft. Die kommende Weltgeschichte löst sich für sie auf in die Propaganda
und die praktische Ausführung ihrer Gesellschaftspläne.

Sie sind sich zwar bewußt in ihren Plänen hauptsächlich das Interesse der
arbeitenden Klasse als der leidendsten Klasse zu vertreten. Nur unter diesem
Gesichtspunkt der leidendsten Klasse existirt das Proletariat für sie.

Die unentwickelte Form des Klassenkampfes, wie ihre eigene Lebenslage
bringen es aber mit sich', daß sie weit über jenen Klassengegensatz erhaben zu
sein glauben. Sie wollen die Lebenslage aller Gesellschaftsglieder, auch

der beſtgeſtellten verbeſſern. Sie appelliren daher fortwährend an die ganze Geſellſchaft ohne Unterſchied, ja vorzugsweiſe an die herrſchende Klaſſe. Man braucht ihr Syſtem ja nur zu verſtehen, um es als den beſtmöglichen Plan der beſtmöglichen Geſellſchaft anzuerkennen.

Sie verwerfen daher alle politiſche, namentlich alle revolutionäre Aktion, ſie wollen ihr Ziel auf friedlichem Wege erreichen und verſuchen durch kleine na-türlich fehlſchlagende Experimente, durch die Macht des Beiſpiels dem neuen geſellſchaftlichen Evangelium Bahn zu brechen.

Dieſe phantaſtiſche Schilderung der zukünftigen Geſellſchaft entſpricht in einer Zeit, wo das Proletariat noch höchſt unentwickelt iſt, alſo ſelbſt noch phantaſtiſch ſeine eigene Stellung auffaßt, ſeinem erſten ahnungsvollen Drän-gen nach einer allgemeinen Umgeſtaltung der Geſellſchaft.

Die ſocialiſtiſchen und kommuniſtiſchen Schriften beſtehen aber auch aus kritiſchen Elementen. Sie greifen alle Grundlagen der beſtehenden Geſellſchaft an. Sie haben daher höchſt werthvolles Material zur Aufklärung der Arbeiter geliefert. Ihre poſitiven Sätze über die zukünftige Geſellſchaft, z. B., Auf-hebung des Gegenſatzes von Stadt und Land, der Familie, des Privaterwerbs, der Lohnarbeit, die Verkündung der geſellſchaftlichen Harmonie, die Verwand-lung des Staats in eine bloße Verwaltung der Produktion—alle dieſe ihre Sätze drücken blos das Wegfallen des Klaſſengegenſatzes aus, der eben erſt ſich zu entwickeln beginnt, den ſie nur noch in ſeiner erſten geſtaltloſen Unbeſtimmtheit kennen. Dieſe Sätze ſelbſt haben daher noch einen rein utopiſtiſchen Sinn.

Die Bedeutung des kritiſch utopiſtiſchen Socialismus und Kommunis-mus ſteht im umgekehrten Verhältniß zur geſchichtlichen Entwicklung. In demſelben Maaße, worin der Klaſſenkampf ſich entwickelt und geſtaltet, verliert dieſe phantaſtiſche Erhebung über denſelben, dieſe phantaſtiſche Bekämpfung deſſelben, allen praktiſchen Werth, alle theoretiſche Berechtigung. Waren daher die Urheber dieſer Syſteme auch in vieler Beziehung revolutionär, ſo bilden ihre Schüler jedes Mal reaktionäre Sekten. Sie halten die alten Anſchau-ungen der Meiſter feſt gegenüber der geſchichtlichen Fortentwicklung des Pro-letariats. Sie ſuchen daher konſequent den Klaſſenkampf wieder abzuſtumpfen und die Gegenſätze zu vermitteln. Sie träumen noch immer die verſuchsweiſe Verwirklichung ihrer geſellſchaftlichen Utopien, Stiftung einzelner Phalanſtere, Gründung von home-Colonien, Errichtung eines kleinen Icariens,—Duodez-Ausgabe des neuen Jeruſalems—und zum Aufbau aller dieſer ſpaniſchen Schlöſſer müſſen ſie an die Philantropie der bürgerlichen Herzen und Geldſäcke appelliren. Allmählig fallen ſie in die Categorie der oben geſchilderten reak-tionären oder konſervativen Socialiſten, und unterſcheiden ſich nur mehr von ihnen durch mehr ſyſtematiſche Pedanterie, durch den fanatiſchen Aberglauben an die Wunderwirkungen ihrer ſocialen Wiſſenſchaft.

Sie treten daher mit Erbitterung aller politiſchen Bewegung der Arbeiter entgegen, die nur aus blindem Unglauben an das neue Evangelium hervor-gehen konnte.

Die Oweniſten in England, die Fourrieriſten in Frankreich, reagiren dort gegen die Chartiſten, hier gegen die Reformiſten.

IV.

Stellung der Kommuniſten zu den verſchiedenen oppoſitionellen Parteien.

Nach Abſchnitt 2 verſteht ſich das Verhältniß der Kommuniſten zu den bereits konſtituirten Arbeiterparteien von ſelbſt, alſo ihr Verhältniß zu den Chartiſten in England und den agrariſchen Reformern in Nordamerika.

Sie kämpfen für die Erreichung der unmittelbar vorliegenden Zwecke und Interessen der Arbeiterklasse, aber sie vertreten in der gegenwärtigen Bewegung zugleich die Zukunft der Bewegung. In Frankreich schließen sich die Kommunisten an die socialistisch-demokratische Partei an gegen die konservative und radikale Bourgeoisie, ohne darum das Recht aufzugeben sich kritisch zu den aus der revolutionären Ueberlieferung herrührenden Phrasen und Illusionen zu verhalten.

In der Schweiz unterstützen sie die Radikalen, ohne zu verkennen, daß diese Partei aus widersprechenden Elementen besteht, theils aus demokratischen Socialisten im französischen Sinn, theils aus radikalen Bourgeois.

Unter den Polen unterstützen die Kommunisten die Partei, welche eine agrarische Revolution zur Bedingung der nationalen Befreiung macht. Dieselbe Partei, welche die Krakauer Insurrektion von 1846 in's Leben rief.

In Deutschland kämpft die kommunistische Partei, sobald die Bourgeoisie revolutionär auftritt, gemeinsam mit der Bourgeoisie gegen die absolute Monarchie, das feudale Grundeigenthum und die Kleinbürgerei.

Sie unterläßt aber keinen Augenblick bei den Arbeitern ein möglichst klares Bewußtsein über den feindlichen Gegensatz von Bourgeoisie und Proletariat herauszuarbeiten, damit die deutschen Arbeiter sogleich die gesellschaftlichen und politischen Bedingungen, welche die Bourgeoisie mit ihrer Herrschaft herbeiführen muß, als eben so viele Waffen gegen die Bourgeoisie kehren können, damit, nach dem Sturz der reaktionären Klassen in Deutschland, sofort der Kampf gegen die Bourgeoisie selbst beginnt.

Auf Deutschland richten die Kommunisten ihre Hauptaufmerksamkeit, weil Deutschland am Vorabend einer bürgerlichen Revolution steht, und weil es diese Umwälzung unter fortgeschritteneren Bedingungen der europäischen Civilisation überhaupt, und mit einem viel weiter entwickelten Proletariat vollbringt als England im siebenzehnten und Frankreich im achtzehnten Jahrhundert, die deutsche bürgerliche Revolution also nur das unmittelbare Vorspiel einer proletarischen Revolution sein kann.

Mit einem Wort, die Kommunisten unterstützen überall jede revolutionäre Bewegung gegen die bestehenden gesellschaftlichen und politischen Zustände.

In allen diesen Bewegungen heben sie die Eigenthumsfrage, welche mehr oder minder entwickelte Form sie auch angenommen haben möge, als die Grundfrage der Bewegung hervor.

Die Kommunisten arbeiten endlich überall an der Verbindung und Verständigung der demokratischen Parteien aller Länder.

Die Kommunisten verschmähen es, ihre Ansichten und Absichten zu verheimlichen. Sie erklären es offen, daß ihre Zwecke nur erreicht werden können durch den gewaltsamen Umsturz aller bisherigen Gesellschaftsordnung. Mögen die herrschenden Klassen vor einer kommunistischen Revolution zittern. Die Proletarier haben nichts in ihr zu verlieren als ihre Ketten. Sie haben eine Welt zu gewinnen.

Proletarier aller Länder vereinigt Euch!

6. Auflage 1983 · © Dietz Verlag Berlin 1965
Lizenznummer 1 · LSV 0046
Printed in the German Democratic Republic
Gesamtherstellung: Offizin Andersen Nexö, Leipzig
Best.-Nr.: 735 783 2 · DDR 11,50 M

目次

現代性與現代性之外 *

《共產黨宣言》導讀

Modernity and Beyond:Reading *The Communist Manifesto*

——中央研究院歐美研究所　黃瑞祺

它〔資產階級〕按照自己的面貌為自己創造出一個世界。

——《共產黨宣言》

生產的不斷變革，一切社會關係不停的動盪，永遠的不安定和變動，這就是資產階級時代不同於過去一切時代的地方。……一切等級的和固定的東西都煙消雲散了，一切神聖的東西都被褻瀆了。

——《共產黨宣言》

要成為充分地現代，就要反現代。

——伯曼（Marshall Berman）

＊　本文部分取材自拙文〈共產黨宣言與現代性〉，《當代》，1998，no.28～29。

一、今天要如何解讀《宣言》[1]

馬克思與恩格斯於一八四八年二月出版《宣言》，距今已超過了一個半世紀。《宣言》一方面是一個重要的政治文獻及歷史文獻，具有強烈的實踐意圖，企圖喚起無產階級團結起來推翻資產階級的統治，以解救無產階級的日漸貧困，乃至解決資本主義社會的壓迫、剝削、異化以及間歇性經濟危機等問題。然而馬克思與恩格斯終其一生畢竟未能在歐洲發動一場成功的無產階級革命。

《宣言》同時也是一部理論作品，從歷史唯物主義的觀點陳述階級鬥爭的理念，指出人類歷史就是一部階級鬥爭史。在此基礎上，

[1] 為了簡化起見，在本導讀中《共產黨宣言》逕稱《宣言》。

《宣言》分析現代社會（或者稱之為「資產階級社會」或「布爾喬亞社會」）的特徵以及來龍去脈。就這一方面而言，《宣言》是一部分析現代性的作品，而它分析現代性主要是從階級的角度出發，資產階級乃現代社會及現代世界的創建者和主角。要理解現代社會（或現代性）必須理解資產階級；而要理解現代社會的未來則不僅要理解資產階級，也要理解無產階級。故《宣言》第一節的標題就是「資產者與無產者」，而根據它的思路，無產階級在未來社會創建上將扮演主要的角色，它是資產階級的「掘墓人」。從現代性的角度來解讀《宣言》可見其精彩之處，伯曼甚至說：《宣言》是「第一部偉大的現代主義作品」（the first great modernist work of

二、階級理論

馬克思對社會分析或社會理論最大的貢獻就是創立階級理論，他也應用這個觀點分析西洋歷史以及資本主義社會，這也是歷史唯物主義（下詳）的一部分。他說過「在過去的各個歷史時代，我們幾乎到處都可以看到社會完全劃分為各個不同的等級，看到社會地位分成的多種多樣的層次。在古羅馬，有貴族、騎士、平民、奴隸，在中世紀，有封建主、臣僕、行會師傅、幫工、農奴，而且幾乎在每一個**階級**內部又有一些特殊的**階層**。」（《宣言》）階級劃

[2] Berman, Marshall, 1983, *All That Is Solid Melts into Air*, London: Verso. p. 102.

art）[2]。

分主要根據生產關係，而生產關係又與一個時代的生產力辯證的結

合在一起，共同構成該時代的生產方式或經濟基礎。

在馬克思的用語當中，「資產階級」是指佔有社會生產資料並

使用雇傭勞動的現代資本家階級；而「無產階級」則是指沒有自己

的生產資料，因而不得不靠出賣勞動力來維持生活的現代雇傭工人

階級。[3]

---

[3] 在一般的用法中，「布爾喬亞」（Bourgeois）係指一種生活格調及品味，即圍

繞著個人成就和家庭的一種私生活：父親被期待從事有規律而例行的工作，過

著以家庭為重心的生活，為家庭（尤其是兒女）的幸福而奉獻。布爾喬亞家庭並

不是一個工作單位，而是一個在父親支配及保護下的消費及社會化的單位。此

外，「布爾喬亞」還指一種平庸的品味及感覺，甚至意味著俗氣、功利主義。

三、階級鬥爭史觀

　　根據馬克思的思想，歷史上充滿階級鬥爭，階級鬥爭是歷史的一個動力：「自由民和奴隸、貴族和平民、領主和農奴、行會師傅和幫工，一句話，壓迫者和被壓迫者，始終處於相互對立的地位，進行不斷的、有時隱蔽有時公開的鬥爭，而每一次鬥爭的結局都是整個社會受到革命改造或者鬥爭的各階級同歸於盡。」（《宣言》）現代資產階級社會並沒有消滅階級對立。它只是用新的階級代替了舊的。資產階級時代有一個特點：它使階級對立簡單化了。整個社會日益分裂為兩大敵對的陣營，分裂為兩大相互直接對立的

（Gouldner, Alvin, 1985, *Against Fragmentation*, New York: Oxford University Press. p.

3）上述兩種常見的用法和馬克思的用法不同，雖然可能有某種關連。

階級：資產階級和無產階級。每一個時代有不同的階級以及階級鬥爭，總而言之，可以說是剝削階級與被剝削階級之間的鬥爭。這其中蘊含了「剝削」、「勞動價值論」以及「剩餘價值觀」等，在《宣言》中並未闡述，而在《資本論》中則有詳細地推演論證。

四、歷史唯物主義

恩格斯在《宣言》一八八三年德文版序言中說：

貫穿《宣言》的基本思想：每一歷史時代的經濟生產以及必然由此產生的社會結構，是該時代政治的和精神的歷史的基礎；因此（從原始土地公有制解體以來）全部歷史都是階級鬥爭的歷史，即社會發展各個階段上被剝削階級和剝削階級之間、被

統治階級和統治階級之間鬥爭的歷史；而這個鬥爭現在已經達到這樣一個階段，即被剝削被壓迫的階級（無產階級），如果不同時使整個社會永遠擺脫剝削、壓迫和階級鬥爭，就不再能使自己從剝削它壓迫它的那個階級（資產階級）下解放出來，──這個基本思想完全是屬於馬克思一個人的。（《宣言》）

恩格斯在《宣言》一八八八年英文版序言中也有雷同的說法：

構成《宣言》核心的基本思想是屬於馬克思的。這個思想就是：每一歷史時代主要的經濟生產方式與交換方式以及必然由此產生的社會結構，是該時代政治的和精神的歷史所賴以確立

的基礎，並且只有從這一基礎出發，這一歷史才能得到說明；

因此人類的全部歷史（從土地公有的原始氏族社會解體以來）都是階級鬥爭的歷史，即剝削階級和被剝削階級之間、統治階級和被壓迫階級之間鬥爭的歷史；這個階級鬥爭的歷史包括有一系列發展階段，現在已經達到這樣一個階段，即被剝削被壓迫的階級（無產階級），如果不同時使整個社會一勞永逸地擺脫任何剝削、壓迫以及階級差別和階級鬥爭，就不能使自己從進行剝削和統治的那個階級（資產階級）的控制下解放出來。

（《宣言》）

恩格斯把歷史唯物主義詮釋得清晰易懂。階級以及階級鬥爭是構成歷史唯物主義的一部分，無產階級想要翻身，就必須顛覆資本主義

社會，這也是無產階級革命的特性之一。

歷史唯物主義最爲經典的表述就是〈《政治經濟學批判》序言〉中的一段話：

人們在自己生活的社會生產中發生一定的、必然的、不以他們的意志爲轉移的關係，即同他們的物質生產力的一定發展階段相適合的生產關係。這些生產關係的總和構成社會的經濟結構，即有法律的和政治的上層建築豎立其上並有一定的社會意識形式與之相適應的現實基礎。物質生活的生產方式制約著整個社會生活、政治生活和精神生活的過程。不是人們的意識決定人們的存在，相反，是人們的社會存在決定人們的意識。社會的物質生產力發展到一定階段，便同它們一直在其中運動的

現存生產關係或財產關係（這只是生產關係的法律用語）發生矛盾。於是這些關係便由生產力的發展形式變成生產力的桎梏。那時社會革命的時代就到來了。隨著經濟基礎的變更，全部龐大的上層建築也或慢或快地發生變革。在考察這些變革時，必須時刻把下面兩者區別開來：一種是生產的經濟條件方面所發生的物質的、可以用自然科學的精確性指明的變革，一種是人們藉以意識到這個衝突並力求把它克服的那些法律的、政治的、宗教的、藝術的或哲學的，簡言之，意識形態的形式。我們判斷一個人不能以他對自己的看法為根據，同樣，我們判斷這樣一個變革時代也不能以它的意識為根據；相反，這個意識必須從物質生活的矛盾中，從社會生產力和生產關係之間的現存衝突中去解釋。無論哪一個社會形態，在它所能容納

的全部生產力發揮出來以前，是決不會滅亡的；而新的更高的生產關係，在它的物質存在條件在舊社會的胎胞裡成熟以前，是決不會出現的。所以人類始終只提出自己能夠解決的任務，因為只要仔細考察就可以發現，任務本身，只有在解決它的物質條件已經存在或者至少是在生成過程中的時候，才會產生。

大體說來，亞細亞的、古代的、封建的和現代資產階級的生產方式可以看作是經濟的社會形態演進的幾個時代。資產階級的生產關係是社會生產過程的最後一個對抗形式，這裡所說的對抗，不是指個人的對抗，而是指從個人的社會生活條件中生長出來的對抗；但是，在資產階級社會的胎胞裡發展的生產力，同時又創造著解決這種對抗的物質條件。因此，人類社會的史前時期就以這種社會形態而告終。

歷史唯物主義是馬克思主要的思想貢獻，恩格斯曾經說過：「在我看來這一思想對歷史學必定會起到像達爾文學說對生物學所起的那樣的作用」。歷史唯物主義不僅影響歷史學，還影響到社會學、政治學、哲學等。以分析一個時代的經濟生產以及階級關係來理解該時代的政治、文化及思想等在當時確實是一大創見。

五、意識形態理論和知識社會學

馬克思的歷史唯物主義衍生出後世的知識社會學。他說的：在資本主義社會中「法律、道德、宗教，在他們看來全都是資產階級偏見，隱藏在這些偏見後面的全都是資產階級利益。」（《宣言》）這句話背後的思路是階級利益形塑階級偏見（意識形態）。

「人們的觀念、觀點和概念，一句話，人們的意識，隨著人們的生

活條件、人們的社會關係、人們的社會存在的改變而改變。」「物質生活的生產方式制約著整個社會生活、政治生活和精神生活的過程。不是人們的意識決定人們的存在，相反，是人們的社會存在決定人們的意識。」（《宣言》）等等說法都給後世的意識形態理論和知識社會學很大的啓發。意識形態就是一個典型的社會學概念，它除了思想內容之外，主要是根據一個觀念的社會存在或社會作用來理解該觀念。知識社會學則是更加體系化的研究觀點，不用於政治鬥爭，分析敵對者的觀念及立場，而是比較中性的學術觀點。

六、現代性

1. 資產階級與現代性——一點詞彙分析

首先應該注意馬克思在談論西方當時的時代、社會和文化

時所用的一些名詞：「現代資產階級社會」（modern bourgeois society）、「資產階級社會」、「資產階級時代」（epoch of the bourgeois）、「資產階級文明」、「現代文明」等等。按他的意思，「現代西方社會」就是資產階級創造或主導的社會，即「資產階級社會」；「現代文明」就是資產階級統治的社會，即「資產階級文明」。所以，馬克思講的現代性和歐洲的資產階級密不可分，現代西方的社會和文化被蓋上了資產階級的印記。要理解他的現代性理論，必須看他對資產階級的論述（評價和批判）。

2. 城市和資產階級——一點歷史考證

　　然則歐洲近代的資產階級到底是如何產生的呢？這必須追溯到歐洲中古高峰時期（High Middle Ages）的城市復興。所謂「中古高峰時期」指大約一〇五〇至一三〇〇年左右，在這段時期「歐洲

蓬勃的商業、熱鬧的城市、文化的生氣、政治的創意、軍事的擴

張、宗教熱誠的提升，使人毫不懷疑：重大的活力正在運作——西

方基督教世界終於成為一個重要的文明了。」[4] 十一世紀歐洲人口

大幅增長，食物生產也在上升，農業科技也有革命性的發展。與此

同時出現的是商業的復興和城市生活的復甦。[5]

歐洲自古已有城市，羅馬帝國的軍政城市逐漸衰落，中古初期

的教堂城市代之而興，二者都是依賴鄉村而生存；而中古高峰期

的城市代表新的現象，大部分是商業及工業城市，有自己的收入

來源，依賴商人和工業活動而生存。此種新城市漸漸成為一個再

[4] Hollister, C.，一九八六，《西洋中古史》，台北：聯經，頁一二七。

[5] 同上引，頁一二八。

度充滿生機的文化焦點。這種商業城市乃歐洲最早具有現代意義的城市，隨著國際商業的興盛和本地農產品市場的不斷開拓而成長。它們起初是早期教堂城市的郊區，或是九、十世紀建築的堡壘城牆外邊作簡陋的殖民發展。這種城市被稱作「burgh」，原來特指城市發源地所在的「城堡」或「堡壘」，後來泛指堡壘周邊發展起來的整個城市。城市居民稱爲「burghers」或「burgesses」（市民）。[6] 此新城市市民來自於流浪者、出走的佃農、鄉村的剩餘人口。他們從領主手中買得或爭得自治權（「特許狀」〔charter〕），可以有各自的地方政府、法庭、稅收機關和習俗，

[6] 同上引，頁一二八─一二九。

因而他們把他們的城市稱作「公社」或「城市公社」。但是這種城市並不因此而達成民主。特許狀的最主要受惠者是成功的商人和工匠師傅，這班人掌管市鎮的治理，形成一個狹窄的寡頭階級，統治著城市裡地位較低的居民。有些城市裡大生產家和受薪工人之間開始出現重大分裂。[7] 城市商人也以集體行動爭取行業的基本特權，這些基本特權是：個人自由從奴隸身分中解放出來、遷徙的自由、免除過分的關稅、可以擁有城市地產、要受城市法庭管轄、執行商業契約，以及買賣自由。[8]

歐洲中古高峰期的城市乃資本主義的誕生地，也是現代性的根

---

[7] 同上引，頁一三〇。

[8] 同上引。

源。後來歐洲的資產階級就是此種商業城市的市民階級發展而來的。馬克思在《宣言》中提到「從中世紀的農奴產生了初期城市的城關市民；從這個市民等級中發展出最初的資產階級分子。」[9]上述的歷史敘述可提供一個背景知識。

另外，韋伯對市民階級有類似但是比較具有分析性的說法。依照韋伯的分析，在社會史的意義上，「市民階級」一詞有三種不同的概念：一是經濟的概念，即包括有特定之經濟利益關係的一群人。依照這個概念的市民階級並非為統一之物，例如富裕市民與貧窮市民，企業者與手工業者皆可稱為市民階級。二是政治的概念，

[9] 馬克思　恩格斯，一九七二，《馬克思恩格斯選集》，北京：人民出版社，卷一，頁二五二。

即包括享有一定政治權力的國家公民或市民。三是社會身分的概念，即有教養或有財產或者二者兼備的階級，例如企業者，藉財產收益來生活的人，以及有學院教養、有身分地位的人。[10]

3. 資產階級與世界體系

近代西方之所以能主宰世界，主要是因為征服了海洋，即向未知的遠海探索，導至新航路及新大陸的發現。從十五世紀以降，歐洲航海家繞過非洲到印度、中國的航路的開拓，美洲新大陸的發現，替新興資產階級開闢了廣闊的活動場所。由於市場的開拓、殖民地的佔有，以及貿易量的增加，使得航海業、商業和工業大大地

[10] 韋伯，一九七七，《社會經濟史》，台北：商務，頁三三〇―三三一。

發展，而馬克思認爲此一發展使得中古封建社會加速崩解。封建的或行會的工業經營方式已不能滿足新開拓之市場的需要了，於是逐漸被「工廠手工業」取代。行會師傅被工業的「中間等級」排擠掉了，各種同業公會之間的分工隨著各個工廠內部的分工的出現而消失了。[Ⅱ]

隨著市場的擴大及需求的增加，工廠手工業也不再能滿足市場的需要了。於是蒸氣和機器遂被引進生產活動裡頭，引起了所謂的「工業革命」。「現代大工業」取代了工廠手工業，大工業家或現代資產者，代替了工業的中等階級。依照《資本論》的劃分，從資

[Ⅱ] 馬克思 恩格斯，《馬克思恩格斯全集》，北京：人民出版社，卷四，頁四六七。

本主義的「簡單協作」（大約十四、十五世紀）發展到「工廠手工業」（大約從十六世紀中到十八世紀末），再發展到「機器大工業」（十八世紀末以降），是資本主義生產方式發展的三個階段。[12]

依馬克思的說法，新航路和新大陸的發現準備好「世界市場」的形成，大工業的生產實現了或確立了此世界市場。世界市場促進了西方商業、航海業和陸路交通巨大的發展，這種發展又反過來促進了工業的擴展。而工業、商業、航海業和鐵路愈是擴展，資產階級也愈是發展，愈是增加自己的資本，愈是把中世紀遺留下來的階

[12] 同上引，卷二三，頁三五八—五五三。

級（僧侶、貴族）排擠到後面去了。[13] 資產階級遂成為歐洲社會的主導階級了。

所以，馬克思認為，現代資產階級是歐洲歷史發展過程的產物，是生產方式和交換方式變革的產物。這是他的歷史唯物主義的一個基本論旨，即一個階級的崛起和沒落是依生產力和生產方式的發展而定。

世界市場的建立，不斷擴大產品銷路的需要，驅使資產階級奔走於全球各地。它必須到處創業，到處建立據點，到處建立聯繫。[14] 這樣使得資產階級成為一個世界性的或普遍的階級。

【13】 同上引，卷四，頁四六七。
【14】 同上引，頁四六九。

依照馬克思的說法，由於開拓了世界市場，資產階級使得一切國家的生產和消費都成為「世界性」的了。資產階級挖掉了工業底下的「民族」基礎。古老的民族工業被消滅了，新的工業取而代之。許多民族都致力於新的工業的建立，這些工業所加工的已經不是本地的原料，而是來自極其遙遠的地區的原料；它們的產品不僅供本國消費，而且同時供世界各地消費。舊的、靠國產品來滿足的需要，被新的、靠極其遙遠的國家和地區的產品來滿足的需要所代替了。過去那種「地方的」和「民族的」自給自足和閉關自守的狀態，被各民族在各方面的互相往來和各方面的相互依賴所代替了。[15]

[15] 同上引，頁四六九─四七〇。

物質的生產是如此，文化的生產也是如此。各民族的文化產品成了全世界共同的財富。民族的片面性和侷限性日益被打破，於是由許多民族的和地方的文化形成了「一種世界文化」。[16] 這主要是馬克思對未來的一種展望，他從資產階級的興起，看到世界市場的逐漸形成，進而推論到世界文化的形成，因為在十九世紀，東西方文化還是有很深的隔閡，根本談不到「世界文化」。即便到二十世紀末，雖然很多人談「全球化」或「國際化」的趨勢，對於有沒有一種世界文化，或什麼是「世界文化」還是有許多的爭議。[17]

由於生產工具及交通工具的不斷改進，歐洲資產階級把一切民

【16】　同上引，頁四七〇。

【17】　請參閱Featherstone, Mike (Ed.), 1990, *Global Culture*, London: Sage Publications.

族都捲到西方文明的漩渦裡了。[18] 從而確立了西方的霸權。資產階級的商品的低廉價格，是它用來征服非西方人的武器。它迫使其他民族採用資產階級的生產方式，推行西方文明的制度，變成了資產者。馬克思對於資產階級的歷史業績給予高度的評價，資產階級「第一次證明了，人的活動能夠取得什麼樣的成就。它創造了完全不同於埃及金字塔、羅馬水道和哥德式教堂的『奇蹟』；它完成了完全不同於民族大遷移和十字軍東征的遠征。」[19] 總而言之，「歐洲資產階級按照自己的形象為自己創造出一個世界。」[20] 所以依馬

［18］　馬克思　恩格斯，《馬克思恩格斯全集》，卷四，頁四七〇。

［19］　馬克思　恩格斯，《馬克思恩格斯選集》，卷一，頁二五四。

［20］　同上引，頁二五五。

克思的說法，現代社會及現代世界乃資產階級按照其性格創造出來的。這就是為什麼理解資產階級是理解現代世界或現代社會的關鍵。

4. 資產階級（資本主義）社會的特性

資產階級在它不到一百年的階級統治中（從大約一七六〇年工業革命至一八四八年馬克思恩格斯撰寫《宣言》時）所創造的生產力，比過去一切世代創造的全部生產力還要多，還要大。自然力的征服、機器的採用、化學在工業和農業中的應用、輪船的行駛、鐵路的通行、電報的使用、整個大陸的開墾、河川的通航。[21] 簡言

之，就是生產力的發展。在馬克思來看，這是資產階級的主要歷史業績，也是資產階級社會的歷史意義之所在。

又依馬克思之意，資產階級社會或現代社會有什麼特性呢？

資產階級除非使生產工具，從而使生產關係，從而使所有社會關係不斷地革命化，否則就不能繼續生存下去。反之，原封不動地保持舊有的生產方式，是過去的一切工業階級生存的首要條件。生產的不斷變革，一切社會關係不停地動蕩，永遠的不安定和變動，這就是資產階級時代不同於過去一切時代的地方。一切固有的關係以及與之相適應的觀念和見解都被消除了。一切新形成的關係等不到固定下來就陳舊了。一切固有的

東西都煙消雲散了，一切神聖的東西都被褻瀆了。[22]

急遽的變革可說是現代性最明顯的特徵之一，此特徵部分是根源於資本主義的競爭，資本家為爭取「超額利潤」──即率先採用新的生產方法而獲得的利潤──遂不斷地發展新的生產工具和方法，亦即不斷要將其他的競爭者甩在後頭。急遽變革導致傳統也急遽瓦解。對此馬克思頗有懷舊情結（nostalgia）：

資產階級在它已經取得了統治的地方，把一切封建的、宗法的

[22] 同上引，頁二五四。

和田園詩般的關係都破壞了。它無情地斬斷了⋯封建羈絆，它使人和人之間除了「赤裸裸的利害關係」，除了「冷酷無情的現金交易」，就再也沒有別的聯繫了。它把宗教虔誠、騎士的熱誠、小市民的傷感都淹沒在「利己主義的冰水」之中。它把人的尊嚴變成「交換價值」，用「貿易自由」來代替特許的和爭取的自由。總而言之，它用「公開的、直接的剝削」代替由宗教幻想和政治幻想掩蓋著的剝削。【23】

在此馬克思指出資產階級社會與封建社會的若干差異，凸顯了

【23】同上引，頁二五三，引文中的括號為引者的強調。

資產階級社會及現代性的特徵，可看出他對現代性的批判態度，同時發現浪漫主義的影響。下文有進一步的闡述。

5. 現代性的病態和危機

現代性帶來了物質上的富裕、便利以及效率，也帶來了心智上的啟蒙及解放，同時還帶來了對人類未來的樂觀期望。這一切似乎都是那麼美好，可是曾幾何時，現代性出現了陰影，而且愈來愈擴散。馬克思如何面對現代性的陰暗面，如何加以分析及批判？以下就他反現代或批判現代的一面分成兩點來加以論述：其一是阻礙人「全面而自由發展」的異化勞動（alienated labour）；另一是將導致資產階級社會崩潰的經濟危機。

6. 現代性的衝突和矛盾

馬克思是一位十九世紀的歐洲人，十九世紀是現代文明或現代

性的興盛期。歐洲人從中世紀末期以降，歷經文藝復興運動、宗教改革、資本主義興起、科學革命、啓蒙運動等的變革，西方現代文明或現代性已然成形，到了十九世紀益發興盛。現代性藉著帝國主義和殖民主義傳播到世界各地，資本主義的世界體系逐漸形成。到了二十世紀，人類歷經兩次歷史上規模最大的戰爭，許多思想家（韋伯、史賓格勒、湯恩比…）都倡言西方現代文明的沒落。二次大戰後，種族問題、環境污染、失業、犯罪、冷戰、意識形態衝突等困擾著西方世界，現代性或現代主義顯然不足以應付現代社會的諸多問題了。於是後現代主義應運而興，企圖解決現代性衍生出來的問題。然而後現代主義似乎是沿襲西方式的思考模式，強調權力和抗爭。它和現代主義不同的主要是從弱勢或邊陲的觀點來對抗「中心」的宰制，試圖解消一元化、普遍化以及總

體化的趨勢，轉而強調去中心化（decentration）、多元化（主義）、本土化（localization）。馬克思學說的基本性格雖然還是現代的，不過值得注意的是馬克思雖然強調「整體性」（totality）[24]，也同樣強調其中的矛盾、衝突、危機，以及崩潰的可能性，也強調階級鬥爭，鼓勵工人階級團結起來，推翻資產階級的宰制和剝削，所以和後現代主義不無契合之處，也有反現代的一面。馬克思在十九世紀──歐洲現代性以及資本主義、帝國主義的興盛期──就

[24] 黃瑞祺，一九九三年六月，〈部分／整體、具體／抽象以及表象／本質三重辯證〉，《歐美研究》，二三，二：七四─七八。該文後修訂收錄於黃瑞祺，二〇一三，《馬克思主義與社會科學方法論集》，北京：中國社會科學出版社，頁二八一─七六。

已看出西方現代文明和資本主義的敗象，並且像《聖經》中的先知一樣，大聲疾呼：

這裡有一件可以作為我們十九世紀特徵的偉大事實，一件任何政黨都不敢否認的事實。一方面產生了以往人類歷史上任何一個時代都不能想像的「工業和科學的力量」。而另一方面卻顯露出「衰頹的徵象」，這種衰頹遠遠超過羅馬帝國末期那一切載諸史冊的可怕情景。[25]

[25] 馬克思 恩格斯，《馬克思恩格斯選集》，卷一，頁七七五—七七六，引文中的括號是引者的強調。

現代性固然有其光輝的一面，同時也有其陰暗面。對於這兩面性馬克思進一步加以申述：

在我們這個時代，每一種事物好像都包含有自己的反面。我們看到，機器具有減少人類勞動和使勞動更具成效的神奇力量，然而卻引起了饑餓和過度的疲勞。新發現的財富的源泉，由於某種奇怪的、不可思議的魔力而變成了貧困的根源。技術的勝利，似乎是以道德的敗壞為代價換來的。隨著人類愈益控制自然，個人卻似乎愈益成為別人的奴隸或自身的卑劣行為的奴隸。甚至科學的純潔光輝彷彿也只能在愚昧無知的黑暗背景上閃耀。我們的一切發現和進步，似乎結果是使物質力量具有理智生命，而人的生命則化為愚鈍的物質力量。「現代工業、科

學與現代貧困、衰頹之間的這種對抗，我們時代的生產力與社

會關係之間的這種對抗」，是顯而易見的，不可避免的和毋庸

爭辯的事實。[26]

從馬克思來看，矛盾、弔詭（paradox）和反諷（irony）是現

代性或現代文明的基本特徵，現代性絕非一個「和諧的整體」。而

此矛盾是多層次、多面向的，最根本的矛盾乃發生在生產力與生產

關係之間。或許是因為如此，他發現黑格爾的辯證法正好適合思考

及探究資產階級社會或現代性之用。

---

[26] 同上引，頁七七五。

爲什麼「科技及工業的進步」與「現代的貧困和衰頹」會同時存在於現代文明中？從馬克思的觀點來看，前者代表生產力的發展，由於舊的生產關係無法適應新發展的生產力，於是造成「現代的貧困和衰頹」。如果眞是如此，關鍵就在生產關係的變革。而資本主義社會生產關係的變革，按馬克思的想法，係寄託在工人階級身上。

7. 資本主義社會的危機和工人階級

如上所述，按照馬克思的學說，資本主義社會充滿了矛盾和衝突，包括生產力和生產關係的矛盾、階級的矛盾，此矛盾表現爲周期性的經濟危機或生產過剩的危機，同時造成了嚴重的異化勞動，影響到現代人的勞動及生活，馬克思相信資本主義的矛盾和衝突，必將導致其本身的衰落及崩潰。此預言的實現和工人階級的誕生及

發展有密切的關係。

按照馬克思的說法，工人階級乃大工業的產兒，其實從工廠手工業的階段開始，此新興階級就逐漸形成了，所以是資產階級所創造的世界的一部分，「資產階級即資本愈發展，無產階級即現代的工人階級也就愈發展」[27]。隨著大工業的發展，愈來愈多的工人聚集在工廠裡，從事集體勞動。這種環境可培養工人合作共事的能力，加強溝通及互動，促進階級意識的形成，而此又是階級行動的必要條件。工人作為一個階級幾乎是位於資產階級社會的最下層，其自我解放意味著資產階級社會的徹底顛覆。再者，工人受資本主

[27] 馬克思　恩格斯，《馬克思恩格斯全集》，卷四，頁四七二。

義異化的禍害最深，其自我解放也)意味著人類從異化狀況的解放，

即所謂「人類解放」（human emancipation）。所以馬克思把資產

階級社會變革的希望寄託在工人階級上。「在當前同資產階級對立

的一切階級中，只有無產階級是真正革命的階級。其餘的階級都隨

著大工業的發展而日趨沒落和滅亡，無產階級卻是大工業本身的產

物。」[28] 工人階級是馬克思「反資產階級社會」或「反現代」的執

行者；他力圖證明，這不只是理念上或理論上的反對，而是有其歷

史社會內在的脈絡及根據可尋，也是從理論到實踐的關鍵。

資本主義生產方式的危機和矛盾以及工人階級的出現，對馬克

[28]

馬克思　恩格斯，《馬克思恩格斯選集》，卷一，頁二六一。

思而言，都只是造成資本主義毀滅的結構上的可能性而已。從這裡來說，資本主義並不必然會崩潰。所以在這裡必須銜接上馬克思的實踐觀，亦即透過對工人階級思想的啟蒙以及行動的組織來顛覆資產階級社會。正如〈關於費爾巴哈的提綱〉第十一條所說的：「哲學家們只是以不同的方式解釋世界，而重要的在於改變世界。」馬克思理論研究所找到的現代工人階級，正是他的實踐觀所寄託的。

七、結語

本文旨在從西方現代性的角度，重新對馬克思學說（主要是《宣言》）作一個探測及詮釋；同時藉馬克思思想來理解及豐富現代性的內涵。馬克思從小的成長環境深受文藝復興、宗教改革運動、科學革命、啟蒙運動等現代思潮的影響，大學時代受青年黑格

爾學派的影響，逐漸轉向人道主義及無神論。他對現代社會思想傳統固然有所繼承，並貫思加以實踐，但也有所反省和批判，故馬克思主義是現代的，同時也是反現代的。馬克思從階級分析和意識形態的觀點來看，「現代」思想傳統有其時代和階級的侷限性，由此可追溯到其階級主體──資產階級。

　　馬克思雖然同情工人階級的處境，厭惡資產階級，但絕不低估歐洲資產階級在現代世界史上的意義和作用。資產階級可說是現代性的開創者及承載者，所以他說「資產階級按照自己的形象創造出一個世界來」。資產階級也創造了龐大的生產力，這個生產力已經無法適應於資產階級的生產關係了；在此同時，資產階級也創造了一個工人階級。馬克思預言資產階級（社會）必將沒落，由於現代生產力和生產關係的矛盾及資產階級和工人階級的衝突所造成的經

濟危機以及異化勞動的病態現象等，以他自己的話來說，資產階級

鍛造了毀滅自己的武器——現代高度的生產力，同時也創造了使用

這個武器的人——工人階級，工人階級是資產階級社會的掘墓人，

也是馬克思的革命執行者。他從對資本主義生產方式的研究中，

找到這個執行者，準備在資本主義危機的縫隙裡，來實現他的理

念——推翻資產階級的統治，建立一個無階級社會。

　　馬克思與現代性之間至少有三重關係。他接受或繼承了現代思

想傳統，如人文主義、「全人」的理想、進步論、科學觀、社會改

革以及理性社會等思想。在社會理論方面他是最早有系統地、深入

地探討現代性（尤其是資本主義）的思想家，而且作為一位十九世

紀的歐洲人，他關注並欲導正現代文明的未來。從這一個角度來

看，馬克思是一位「現代主義者」，如上所引伯曼說《宣言》是

「第一部偉大的現代主義作品」。然而馬克思絕不是一位客觀中立的探究者，他同情工人階級的貧困和被剝削，他批判資產階級社會和資產階級意識形態，意圖以革命實踐顛覆資產階級社會。就這一方面而言，馬克思是一位「批判現代者」或「反現代主義者」。他批判現代性的某些層面，強調其中的矛盾、衝突、危機以及階級鬥爭，並號召工人階級起來推翻資產階級。由於馬克思在思想上還沒有全然超越現代性，仍然受其深刻的影響，所以不能說他是一位「後現代主義者」。從李歐塔（J.-F. Lyotard）的觀點來看，馬克思的歷史唯物主義是他所謂「宏大敘事」（他認為現代性之表徵）的一個典型代表。

　　馬克思看出資本主義的生產力和大工業的解放潛力，這是現代性可以進一步發展的潛力。但是資本主義的所有制或資本和勞動的現代

分離及對立，卻形成了生產力進一步發展的桎梏，從而也形成了現代性進一步發展的障礙。馬克思並沒有放棄青年時代關於人和社會的理念，他相信現代性的潛力是有可能實現這些理念的。換言之，上述的理念原來也是資產階級思想家，在該階級興起時期提出來的，但在資產階級社會裡，無法實現或無法充分實現。依照馬克思的構想，只有摧毀資產階級社會，才能使資產階級所創造的生產潛力充分發揮出來，以實現資產階級興起時所提出的社會理念，而執行摧毀任務的乃是資產階級創造出來的工人階級。如果就這一個意義來說，馬克思是一位「基進的現代主義者」（radical modernist），即以基進的方式促使現代性進一步發展，以便更好地實現現代性的許諾。哈伯馬斯所說的「啟蒙方案或現代性方案仍

是一個未完成的方案」表達了雷同的精神及定位。[29]

本文稱馬克思爲「基進的現代主義者」，而不是後現代主義者，一個主要的理由是從他的觀點來看，由於資產階級社會的生產關係或所有制的桎梏，啓蒙運動關於人及社會的理念未能實現，巨大生產力的潛能也未能施展。所以馬克思所要做的，是進一步去實現或發展現代性的潛能，其方法乃是去批判及顛覆資產階級社會的生產關係及社會體制。誠如伯曼所說的：

[29] 請參閱Habermas, Jürgen, 1981, "Modernity versus Postmodernity," *New German Critique*, No. 22; Habermas, Jürgen, 1983, "Modernity——An Incomplete Project," in Foster (Ed.), *Postmodern Culture*, London: Pluto Press.

要成為充分地現代，就要反現代。從馬克思和杜斯妥也夫斯基的時代到我們的時代，如果沒有對現代世界的一些極其顯著的現實加以憎惡及抗爭，就不可能掌握及擁有現代世界的種種潛能。無怪乎，誠如偉大的現代主義者暨反現代主義者齊克果所說的，最深奧的現代思想必須透過反語或反諷來表達。現代的反語或反諷在過去這一個世紀激發過許多偉大的藝術及思想作品；同時，它也傾注在許多人的日常生活當中。[30]

---

[30] Berman, Marshall, 同上引，頁十四。

共產黨宣言[1]（請參照〈注釋〉）

一八七二年德文版序言[2]

共產主義者同盟[3]這個在當時條件下自然只能是秘密團體的國際工人組織，一八四七年十一月在倫敦舉行的代表大會上委託我們兩人起草一個準備公佈的詳細的理論和實踐的黨綱。結果就產生了這個《宣言》，《宣言》原稿在二月革命[4]前幾星期送到倫敦付印。《宣言》最初用德文出版，它用這種文字在德國、英國和美國至少印過十二種不同的版本。第一個英譯本是由海倫·麥克林女士翻譯的，於一八五○年在倫敦《紅色共和黨人》[5]雜誌上發表，一八七一年至少又有三種不同的英譯本在美國出版。法譯本於一八四八年六月起義[6]前不久，第一次在巴黎印行，最近又有法譯本在紐約《社會主義者報》[7]上發表；現在有人在準備新譯本。波

蘭文譯本在德文本初版問世後不久就在倫敦出現。俄譯本是六○年代在日內瓦出版的。丹麥文譯本也是在原書問世後不久就出版了。

不管最近二十五年來的情況發生了多大的變化，這個《宣言》中所闡述的一般原理整個說來直到現在還是完全正確的。某些地方本來可以作一些修改。這些原理的實際運用，正如《宣言》中所說的，隨時隨地都要以當時的歷史條件為轉移，所以第二章末尾提出的那些革命措施根本沒有特別的意義。如果是在今天，這一段在許多方面都會有不同的寫法。由於最近二十五年來大工業有了巨大發展，而工人階級的政黨組織也跟著發展起來，由於首先有了二月革命的實際經驗而後來尤其是有了無產階級第一次掌握政權達兩個月之久的巴黎公社 8 的實際經驗，所以這個綱領現在有些地方已經過時了。特別是公社已經證明：「工人階級不能簡單地掌握現成的國

家機器，並運用它來達到自己的目的。」（見《法蘭西內戰》。國際工人協會總委員會宣言》德文版第十九頁，那裡把這個思想發揮得更加完備。）其次，很明顯，對於社會主義文獻所作的批判在今天看來是不完全的，因為這一批判只包括到一八四七年為止；同樣也很明顯，關於共產黨人對待各種反對黨派的態度的論述（第四章）雖然在原則上今天還是正確的，但是就其實際運用來說今天畢竟已經過時，因為政治形勢已經完全改變，當時所列舉的那些黨派大部分已被歷史的發展徹底掃除了。

　　但是《宣言》是一個歷史檔，我們已沒有權利來加以修改。下次再版時也許能加上一篇論述一八四七年到現在這段時期的導言。這次再版太倉促了，我們來不及做這件工作。

卡爾・馬克思　弗里德里希・恩格斯

一八七二年六月二十四日於倫敦

載於一八七二年在萊比錫出版的
《共產黨宣言。附有作者序言的新版》一書　原文是德文

選自《馬克思恩格斯選集》中文第二版第一卷第二四八—二四九頁

一八八二年俄文版序言 [9]

巴枯寧翻譯的《共產黨宣言》俄文第一版，六〇年代初由《鐘聲》印刷所出版 [10]。當時西方只能認為這件事（《宣言》譯成俄文出版）是著作界的一件奇聞。這種看法今天是不可能有了。

當時（一八四七年十二月），捲入無產階級運動的地區是多麼狹小，這從《宣言》最後一章《共產黨人對各國各種反對黨派的態度》中可以看得很清楚。在這一章裡，正好沒有說到俄國和美國。

那時，俄國是歐洲全部反動勢力的最後一支龐大後備軍；美國正透過移民吸收歐洲無產階級的過剩力量。這兩個國家，都向歐洲提供原料，同時又都是歐洲工業品的銷售市場。所以，這兩個國家不管怎樣當時都是歐洲現存秩序的支柱。

今天，情況完全不同了！正是歐洲移民，使北美能夠進行大規模的農業生產，這種農業生產的競爭震撼著歐洲大小土地所有制的根基。此外，這種移民還使美國能夠以巨大的力量和規模開發其豐富的工業資源，以至於很快就會摧毀西歐特別是英國迄今為止的工業壟斷地位。這兩種情況反過來對美國本身也起著革命作用。作為整個政治制度基礎的農場主的中小土地所有制，正逐漸被大農場的競爭所征服；同時，在各工業區，人數眾多的無產階級和神話般的資本積聚第一次發展起來了。

現在來看看俄國吧！在一八四八——一八四九年革命期間，不僅歐洲的君主，而且連歐洲的資產者，都把俄國的干涉看作是幫助他們對付剛剛開始覺醒的無產階級的唯一救星。沙皇被宣佈為歐洲反動勢力的首領。現在，沙皇在加特契納成了革命的俘虜[11]，而俄國

已是歐洲革命運動的先進部隊了。

《共產黨宣言》的任務，是宣告現代資產階級所有制必然滅亡。但是在俄國，我們看見，除了迅速盛行起來的資本主義狂熱和剛開始發展的資產階級土地所有制外，大半土地仍歸農民公共佔有。那麼試問：俄國公社，這一固然已經大遭破壞的原始土地公共佔有形式，是能夠直接過渡到高級的共產主義的公共佔有形式呢？或者相反，它還必須先經歷西方的歷史發展所經歷的那個瓦解過程呢？

對於這個問題，目前唯一可能的答覆是：假如俄國革命將成為西方無產階級革命的信號而雙方互相補充的話，那麼現今的俄國土地公有制便能成為共產主義發展的起點。

卡爾・馬克思　弗里德里希・恩格斯

一八八二年一月二十一日於倫敦

載於一八八二年在日內瓦出版的俄文版《共產黨宣言》一書　原文是德文

選自《馬克思恩格斯選集》中文第二版第一卷第二五〇—二五一頁

一八八三年德文版序言[12]

本版序言不幸只能由我一個人署名了。馬克思這位比其他任何人都更應受到歐美整個工人階級感謝的人物，已經長眠於海格特公墓，他的墓上已經初次長出了青草。在他逝世以後，就更談不上對《宣言》作什麼修改或補充了。因此，我認為更有必要在這裡再一次明確地申述下面這一點。

貫穿《宣言》的基本思想：每一歷史時代的經濟生產以及必然由此產生的社會結構，是該時代政治的和精神的歷史的基礎；因此（從原始土地公有制解體以來）全部歷史都是階級鬥爭的歷史，即社會發展各個階段上被剝削階級和剝削階級之間、被統治階級和統治階級之間鬥爭的歷史；而這個鬥爭，現在已經達到這樣一個階

段，即被剝削、被壓迫的階級（無產階級），如果不同時使整個社會永遠擺脫剝削、壓迫和階級鬥爭，就不再能使自己從剝削它、壓迫它的那個階級（資產階級）下解放出來，這個基本思想完全是屬於馬克思一個人的。[1]

這一點我已經屢次說過，但正是現在，必須在《宣言》本身的

[1] 恩格斯在一八九○年德文版上加了一個注：「我在英譯本序言中說過：在我看來，這一思想對歷史學必定會發揮出像達爾文學說對生物學所起的那樣的作用，我們兩人早在一八四五年前的幾年中就已經逐漸接近了這個思想。當時我個人獨自在這方面達到什麼程度，我的《英國工人階級狀況》一書，就是最好的說明。但是到一八四五年春，我在布魯塞爾再次見到馬克思時，他已經把這個思想考慮成熟。並且用幾乎像我在上面所用的那樣明晰的語句向我說明了。」──編者注

前面也寫明這一點。

一八八三年六月二十八日於倫敦

弗・恩格斯

載於一八八三年在霍廷根—蘇黎世出版的《共產黨宣言》一書　原文是德文

選自《馬克思恩格斯選集》中文第二版第一卷第二五二—二五三頁

一八八八年英文版序言 [13]

《宣言》是作為共產主義者同盟 [3] 的綱領發表的，這個同盟起初純粹是德國工人團體，後來成為國際工人團體，而在一八四八年以前歐洲大陸的政治條件下必然是一個秘密的團體。一八四七年十一月在倫敦舉行的同盟代表大會，委託馬克思和恩格斯起草一個準備公佈的完備的理論和實踐的黨綱。手稿於一八四八年一月用德文寫成，並在二月二十四日的法國革命 [4] 前幾星期送到倫敦付印。第一個英譯本是由海倫‧麥克法林女士翻譯的，於一八五○年刊載在喬治‧朱利安‧哈尼的倫敦《紅色共和黨人》 [5] 雜誌上。還出版了丹麥文譯本和波蘭文譯本。

法譯本於一八四八年六月起義 [6] 前不久在巴黎出版。

一八四八年巴黎六月起義這一無產階級和資產階級間的第一次大搏鬥的失敗，又把歐洲工人階級的社會的和政治的要求暫時推到後面去了。從那時起，爭奪統治權的鬥爭，又像二月革命以前那樣只是在有產階級的各個集團之間進行了；工人階級被迫侷限於爭取一些政治上的活動自由，並採取中等階級激進派極左翼的立場。凡是繼續顯露出生機的獨立的無產階級運動，都遭到無情的鎮壓。例如，普魯士員警發覺了當時設在科隆的共產主義者同盟中央委員會。一些成員被逮捕，並且在經過十八個月監禁之後於一八五二年十月被交付法庭審判。這次有名的「科隆共產黨人案件」[14] 從十月四日一直繼續到十一月十二日；被捕者中有七人被判處三—六年的要塞監禁。宣判之後，同盟即由剩下的成員正式解散。至於《宣言》，似乎註定從此要被人遺忘了。

當歐洲工人階級重新聚集了足以對統治階級發動另一次進攻力量的時候，產生了國際工人協會[15]。但是這個協會成立的明確目的是要把歐美正在進行戰鬥的整個無產階級團結為一個整體，因此，它不能立刻宣佈《宣言》中所提出的那些原則。國際必須有一個充分廣泛的綱領，使英國工聯[16]，法國、比利時、義大利和西牙的普魯東派[17]以及德國的拉薩爾派[2][18]都能接受。馬克思起草了這個能使一切黨派都滿意的綱領，他對共同行動和共同討論必然會產生的工人階級的精神發展充滿信心。反資本鬥爭中的種種事件和變

[2] 拉薩爾本人在我們面前總是自認為是馬克思的學生，他作為馬克思的學生是站在《宣言》的立場上的。但是他在一八六二——一八六四年期間進行的公開鼓動中，卻始終沒有超出靠國家貸款建立生產合作社的要求。

遷——失敗更甚於勝利——不能不使人們認識到他們的各種心愛的萬應靈丹都不靈，並爲他們更透徹地瞭解工人階級解放的眞正的條件開闢道路。馬克思是正確的。當一八七四年國際解散時，工人已經全然不是一八六四年國際成立時的那個樣子了。法國的普魯東主義和德國的拉薩爾主義已經奄奄一息，甚至那些很久以前大多數已同國際決裂的保守的英國工聯也漸有進步，以致去年在斯旺西，工聯的主席能夠用工聯的名義聲明說：「大陸社會主義對我們來說，不再可怕了。」[19]的確，《宣言》的原則在世界各國工人中間都已傳播得很廣了。

　　這樣，《宣言》本身又重新走上了前臺。從一八五○年起，德文本在瑞士、英國和美國再版過數次。一八七二年，有人在紐約把它譯成英文，並在那裡的《伍德赫爾和克拉夫林週刊》[20]上發表。

接著又有人根據這個英文本把它譯成法文，刊載在紐約的《社會主義者報》[7]上。以後在美國又至少出現過兩種多少有些扭曲原意的英文譯本，其中一種還在英國再版過。由巴枯寧翻譯的第一個俄文本約於一八六三年在日內瓦由赫爾岑辦的《鐘聲》印刷所出版[10]；由英勇無畏的維拉・查蘇利奇翻譯的第二個俄文本[21]，於一八八二年也在日內瓦出版。新的丹麥文譯本[22]於一八八五年在哥本哈根作為《社會民主主義叢書》的一種出版，新的法文譯本於一八八六年刊載在巴黎的《社會主義者報》上[23]。有人根據這個譯本譯成西班牙文，並於一八八六年在馬德里發表[24]。至於德文的翻印版本，則為數極多，總共至少有十二個。亞美尼亞文譯本原應於幾個月前在君士坦丁堡印出，但是沒有問世，有人告訴我，這是因為出版人害怕在書上標明馬克思的姓名，而譯者又拒絕把《宣言》當作自己的

作品。關於用其他文字出版的其他譯本，我雖然聽說過，但是沒有親眼看到。因此，《宣言》的歷史在很大幅度上反映著現代工人階級運動的歷史；現在，它無疑是全部社會主義文獻中傳播最廣和最具有國際性的著作，是從西伯利亞到加利福尼亞的千百萬工人公認的共同綱領。

可是，當我們寫這個《宣言》時，我們不能把它叫作社會主義宣言。在一八四七年，所謂社會主義者，一方面是指各種空想主義體系的信徒，即英國的歐文派和法國的傅立葉派，這兩個流派都已經降到純粹宗派的地位，並在逐漸走向滅亡；另一方面是指形形色色的社會庸醫，他們憑著各種各樣的補綴辦法，自稱要消除一切社會弊病而毫不危及資本和利潤。這兩種人都是站在工人階級運動以外，寧願向「有教養的」階級尋

求支持。只有工人階級中確信單純政治變革還不夠而公開表明必須根本改造全部社會的那一部分人，只有他們當時把自己稱作共產主義者。這是一種粗糙的、尚欠修琢的、純粹出於本能的共產主義；但它卻接觸到了最主要之點，並且在工人階級當中已經強大到足以形成空想共產主義，在法國有卡貝的共產主義[25]，在德國有魏特林的共產主義[26]。可見，在一八四七年，社會主義是中等階級的運動，而共產主義是工人階級的運動。當時，社會主義，至少在大陸上，是「上流社會的」，而共產主義卻恰恰相反。既然我們自始就認定「工人階級的解放應當是工人階級自己的事情」[27]，那麼，在這兩個名稱中間我們應當選擇哪一個，就是毫無疑義的了。而且後來我們也從沒有想到要把這個名稱拋棄。

雖然《宣言》是我們兩人共同的作品，但我認為自己有責任

指出，構成《宣言》核心的基本思想是屬於馬克思的。這個思想就是：每一歷史時代主要的經濟生產方式和交換方式以及必然由此產生的社會結構，是該時代政治的和精神的歷史所賴以確立的基礎，並且只有從這一基礎出發，這一歷史才能得到說明；因此人類的全部歷史（從土地公有的原始氏族社會解體以來）都是階級鬥爭的歷史，即剝削階級和被剝削階級之間、統治階級和被壓迫階級之間鬥爭的歷史；這個階級鬥爭的歷史包括有一系列發展階段，現在已經達到這樣一個階段，即被剝削被壓迫的階級（無產階級），如果不同時使整個社會一勞永逸地擺脫一切剝削壓迫以及階級差別和階級鬥爭，就不能使自己從進行剝削和統治的那個階級（資產階級）的奴役下，解放出來。

在我看來這一思想對歷史學必定會發展出像達爾文學說對生物

學所起的那樣的作用，我們兩人早在一八四五年前的幾年中就已經逐漸接近了這個思想。當時我個人獨自在這方面達到什麼程度，我的《英國工人階級狀況》[3] 一書就是最好的說明。但是到一八四五年春我在布魯塞爾再次見到馬克思時，他已經把這個思想考慮成熟，並且用幾乎像我在上面所用的那樣明晰的語句向我說明了。

現在我從我們共同為一八七二年德文版寫的序言中，引錄如下一段話：

「不管最近二十五年來的情況發生了多大的變化，這個《宣

[3] 《一八四四年的英國工人階級狀況》，弗里德里希・恩格斯著，弗洛倫斯・凱利—威士涅威茨基夫人譯，一八八八年紐約—倫敦拉弗爾出版社版，威・里夫斯發行。

言》中所闡述的一般原理整個說來直到現在還是完全正確的。某些

共產黨宣言　Marx & Engels

地方本來可以作一些修改。這些原理的實際運用，正如《宣言》中所說的，隨時隨地都要以當時的歷史條件爲轉移，所以第二章末尾提出的那些革命措施根本沒有特別的意義。如果是在今天，這一段在許多方面都會有不同的寫法了。由於一八四八年以來大工業已有了巨大發展而工人階級的組織也跟著有了改進和增長，由於首先有了二月革命的實際經驗而後來尤其是有了無產階級第一次掌握政權達兩個月之久的巴黎公社 8 的實際經驗，所以這個綱領現在有些地方已經過時了。特別是公社已經證明：『工人階級不能簡單地掌握現成的國家機器，並運用它來達到自己的目的。』（見《法蘭西內戰。國際工人協會總委員會宣言》倫敦一八七一年特魯洛夫版第十五頁，那裡把這個思想發揮得更加完備。）其次，很明顯，對於

社會主義文獻所作的批判在今天看來是不完全的，因為這一批判只包括到一八四七年為止；同樣也很明顯，關於共產黨人對待各種反對黨派態度的論述（第四章）雖然在原則上今天還是正確的，但是就其實際運用來說今天畢竟已經過時，因為政治形勢已經完全改變，當時列舉的那些黨派大部分已被歷史的發展徹底掃除了。

但是《宣言》是一個歷史檔，我們已沒有權利來加以修改。」

本版譯文是由譯過馬克思《資本論》一書大部分的賽米爾·莫爾先生翻譯的。我們共同把譯文校閱過一遍，並且我還加了一些有關歷史情況的注釋。

弗里德里希·恩格斯

一八八八年一月三十日於倫敦

載於一八八八年在倫敦出版的《共產黨宣言》一書　原文是英文

選自《馬克思恩格斯選集》中文第二版第一卷第二五四——二五九頁

一八九〇年德文版序言[28]

自從我寫了上面那篇序言[4]以來，又需要刊印《宣言》的新的德文版本了，同時《宣言》本身也有種種遭遇，應該在這裡提一提。

一八八二年在日內瓦出版了由維拉·查蘇利奇翻譯的第二個俄文本[21]，馬克思和我曾為這個譯本寫過一篇序言。可惜我把這篇序言的德文原稿遺失了[29]，所以現在我只好再從俄文譯過來，這樣做當然不會使原稿增色。下面就是這篇序言：

巴枯寧翻譯的《共產黨宣言》俄文第一版，六〇年代初由《鐘

[4] 指一八八三年德文版序言，見本書四三八——四三九頁。——編者注

聲》印刷所出版[10]。當時西方認爲《宣言》譯成俄文出版最多只是著作界的一件奇聞。這種看法今天是不可能有了。在《宣言》最初發表時期（一八四八年一月）捲入無產階級運動的地區是多麼狹小，這從《宣言》最後一章《共產黨人對各種反對黨派的態度》中可以看得很清楚。在這一章裡，首先沒有說到俄國和美國。那時，俄國是歐洲反動勢力的最後一支龐大後備軍，向美國境內移民吸收著歐洲無產階級的過剩力量。這兩個國家，都向歐洲提供原料，同時又都是歐洲工業品的銷售市場。所以，這兩個國家不管怎樣當時都是歐洲社會秩序的支柱。

今天，情況完全不同了！正是歐洲移民，使北美的農業生產能夠大大發展，這種發展透過競爭震撼著歐洲大小土地所有制的根基。此外，這種移民還使美國能夠以巨大的力量和規模，開發其豐

富的工業資源，以至於很快就會摧毀西歐的工業壟斷地位。這兩種情況反過來對美國本身也起著革命作用。作為美國整個政治制度基礎的自耕農場主的中小土地所有制，正逐漸被大農場的競爭所征服；同時，在各工業區，人數眾多的無產階級和神話般的資本積聚第一次發展起來了。

現在來看看俄國吧！在一八四八——一八四九年革命期間，不僅歐洲的君主，而且連歐洲的資產者，都把俄國的干涉看作是幫助他們對付當時剛剛開始意識到自己力量的無產階級的唯一救星。他們把沙皇宣佈為歐洲反動勢力的首領。現在，沙皇在加特契納已成了革命的俘虜[11]，而俄國已是歐洲革命運動的先進部隊了。

《共產黨宣言》的任務，是宣告現代資產階級所有制必然滅亡。但是在俄國，我們看見，除了狂熱發展的資本主義制度和剛開

始形成的資產階級土地所有制外，大半土地仍歸農民公共佔有。

那麼試問：俄國農民公社，這一固然已經大遭破壞的原始土地公有制形式，是能直接過渡到高級的共產主義的土地所有制形式呢？或者，它還必須先經歷西方的歷史發展所經歷的那個瓦解過程呢？

對於這個問題，目前唯一可能的答覆是：假如俄國革命將成為西方工人革命的信號而雙方互相補充的話，那麼現今的俄國公有制便能成為共產主義發展的起點。

卡・馬克思　弗・恩格斯

一八八二年一月二十一日於倫敦

大約在同一時候，在日內瓦出版了新的波蘭文譯本：《共產黨宣言》。

隨後又於一八八五年在哥本哈根以《社會民主主義叢書》的一種出版了新的丹麥文譯本。可惜這一譯本不夠完備；有幾個重要的地方大概是因為譯者感到難譯而被刪掉了，並且有些地方可以看到草率行事的痕跡，尤其令人遺憾的是，從譯文中可以看出，要是譯者細心一點，他是能夠譯得很好的。

一八八六年在巴黎《社會主義者報》[23]上刊載了新的法譯文；這是到目前為止最好的譯文。

同年又有人根據這個法文本譯成西班牙文，起初刊登在馬德里的《社會主義者報》[24]上，接著又印成單行本：《共產黨宣言》，卡‧馬克思和弗‧恩格斯著，馬德里，社會主義者報社埃爾南‧科

爾特斯街八號。

這裡我還要提到一件奇怪的事。一八八七年，君士坦丁堡的一位出版商收到了亞美尼亞文的《宣言》譯稿；但是這位好心人卻沒有勇氣把這本署有馬克思名字的作品刊印出來，竟認爲最好是由譯者本人冒充作者，可是譯者拒絕這樣做。

在英國多次刊印過好幾種美國譯本，但都不大確切。到一八八八年終於出版了一種可靠的譯本。這個譯本是由我的友人賽米爾・莫爾翻譯的，並且在付印以前還由我們兩人一起重新校閱過一遍。標題是：《共產黨宣言》，卡爾・馬克思和弗里德里希・恩格斯著。經作者認可的英譯本，由弗里德里希・恩格斯校訂並加注，一八八八年倫敦，威廉・里夫斯，東中央區弗利特街一百八十五號。這個版本中的某些注釋，我已收入本版。

《宣言》有它本身的經歷。它出現的時候，曾受到當時人數

尚少的科學社會主義先鋒隊的熱烈歡迎（第一篇序言裡提到的那些

譯本便可以證明這一點），但是不久它就被那隨著一八四八年六月

巴黎工人失敗[6]而抬起頭來的反動勢力，排擠到後臺去了，最後，

由於一八五二年十一月科隆共產黨人被判刑[14]，它被「依法」宣佈

爲非法。隨著由二月革命[4]開始的工人運動，退出公開舞臺，《宣

言》也退到後臺去了。

當歐洲工人階級又強大到足以對統治階級政權發動另一次進

攻的時候，產生了國際工人協會[15]。它的目的是要把歐美整個戰鬥

的工人階級聯合成一支大軍。因此，它不能從《宣言》中提出的那

些原則出發。它必須有一個不致把英國工聯[16]，法國、比利時、義

大利和西班牙的普魯東派[17]以及德國的拉薩爾派[5][18]拒之於門外的綱領。這樣一個綱領即國際章程緒論部分，是馬克思起草的，其行文之巧妙連巴枯寧和無政府主義者也不能不承認。至於說到《宣言》中所提出的那些原則的最終勝利，馬克思把希望完全寄託於共同行動和共同討論必然會產生的工人階級的精神發展。反資本鬥爭中的種種事件和變遷——失敗更甚於勝利——不能不使進行鬥爭的人們明白自己一向所崇奉的那些萬應靈丹都不靈，並使他們的頭腦更容

[5] 拉薩爾本人在我們面前總是自認爲是馬克思的「學生」，他作爲馬克思的「學生」，當然是站在《宣言》的立場上。但是他的那些信徒卻不是如此，他們始終沒有超出他所主張的靠國家貸款建立生產合作社的要求，並且把整個工人階級劃分爲國家幫助派和自助派。

易透徹地瞭解工人解放的眞正條件。馬克思是正確的。一八七四年，當國際解散的時候，工人階級已經全然不是一八六四年國際成立時的那個樣子了。羅曼語族各國的普魯東主義和德國特有的拉薩爾主義已經奄奄一息，甚至當時極端保守的英國工聯也漸有進步，以致一八八七年在斯旺西，工聯的代表大會主席能夠用工聯的名義聲明說：「大陸社會主義對我們來說再也不可怕了。」[19] 而在一八八七年，大陸社會主義已經差不多完全是《宣言》中所宣佈的那個理論了。因此，《宣言》的歷史在某種程度上反映著一八四八年以來現代工人運動的歷史。現在，它無疑是全部社會主義文獻中傳播最廣和最具有國際性的著作，是從西伯利亞到加利福尼亞的所有國家的千百萬工人共同的綱領。

可是，當《宣言》出版的時候，我們不能把它叫作社會主義

宣言。在一八四七年，所謂社會主義者是指兩種人。一方面是指各種空想主義體系的信徒，特別是英國的歐文派和法國的傅立葉派，這兩個流派當時都已經縮小成逐漸走向滅亡的純粹的宗派。另一方面是指形形色色的社會庸醫，他們想用各種萬應靈丹和各種補綴辦法來消除社會弊病而毫不傷及資本和利潤。這兩種人都是站在工人運動以外，寧願向「有教養的」階級尋求支持。至於當時確信單純政治變革還不夠而要求根本改造社會的那一部分工人，則把自己叫作共產主義者。這是一種還沒有很好加工的、只是出於本能的、往往有些粗糙的共產主義；但它已經強大到足以形成兩種空想的共產主義體系：在法國有卡貝的「伊加利亞」共產主義[25]，在德國有魏特林的共產主義[26]。在一八四七年，社會主義意味著資產階級的運動，共產主義則意味著工人的運動。當時，社會主義，至少在大陸

上，是上流社會的，而共產主義卻恰恰相反。既然我們當時已經十分堅決認定「工人階級的解放應當是工人階級自己的事情」[27]，所以我們一刻也不懷疑究竟應該在這兩個名稱中間選定哪一個名稱。而且後來我們也根本沒有想到要把這個名稱拋棄。

「全世界無產者，聯合起來！」當四十二年前我們在巴黎革命即無產階級帶著自己的要求參加第一次革命的前夜向世界發出這個號召時，響應者還是寥寥無幾。可是，一八六四年九月二十八日，大多數西歐國家中的無產者已經聯合成為流芳百世的國際工人協會了。固然，國際本身只存在了九年，但它所創立的全世界無產者永久的聯合依然存在，並且比任何時候更加強固，而今天這個日子就是最好的證明。因為今天我寫這個序言的時候，歐美無產階級正在檢閱自己第一次動員起來的戰鬥力量，他們動員起來，組成一支大

軍，在一個旗幟下，爲了一個最近的目的，即早已由國際一八六六年日內瓦代表大會宣佈、後來又由一八八九年巴黎工人代表大會再度宣佈的在法律上確立八小時正常工作日[30]。今天的情景定會使全世界的資本家和地主看到：全世界的無產者，現在眞正聯合起來了。

如果馬克思今天還能同我站在一起，親眼看見這種情景，那該多好啊！

弗·恩格斯

一八九〇年五月一日於倫敦

載於一八九○年在倫敦出版的德文版《共產黨宣言》一書　原文是德文

選自《馬克思恩格斯選集》中文第二版第一卷第二六○——二六五頁

一八九二年波蘭文版序言[31]

從目前已有必要出版《共產黨宣言》波蘭文新版本這一事實，可以引起許多聯想。

首先值得注意的是，近來《宣言》在某種程度上已經成爲測量歐洲大陸大工業發展的一種尺度。某一國家的大工業愈發展，該國工人想要弄清他們作爲工人階級在有產階級面前所處地位的願望也就愈強烈，工人中間的社會主義運動也就愈擴大，對《宣言》的需求也就愈增長。這樣，根據《宣言》用某國文字發行的份數，不僅可以相當準確地判斷該國工人運動的狀況，而且可以相當準確地判斷該國大工業發展的程度。

因此，《宣言》波蘭文新版本，標誌著波蘭工業的重大發展。

而且從十年前上一版問世以來確實已有這種發展，這是絲毫不容置疑的。俄羅斯的波蘭，會議桌上的波蘭[32]，已成為俄羅斯帝國的巨大的工業區。俄國大工業分散於各處，一部分在芬蘭灣沿岸，一部分在中央區（莫斯科和弗拉基米爾），一部分在黑海和亞速海沿岸，還有一些分散在其他地方；波蘭工業則集中於一個比較狹小的地區，這種集中所產生的益處和害處，它都感受到了。這種益處是競爭對手俄國工廠主所承認的，他們雖然拼命想把波蘭人變成俄羅斯人，同時卻要求實行對付波蘭的保護關稅。至於這種害處，即對波蘭工廠主和俄國政府的害處，則表現為社會主義思想在波蘭工人中間迅速傳播和對《宣言》的需求日益增長。

但是，波蘭工業的迅速發展（它已經超過了俄國工業），又是波蘭人民擁有強大生命力的新證明，是波蘭人民即將達到民族復

興的新保證。而一個獨立強盛的波蘭的復興是一件不僅關係到波蘭人而且關係到我們大家的事情。歐洲各民族眞誠的國際合作，只有當每個民族在自己家裡完全自主的時候才能實現。一八四八年革命在無產階級的旗幟下使無產階級戰士追根究底只做了資產階級的工作，這次革命也透過自己的遺囑執行人路易·波拿巴和俾斯麥實現了義大利、德國和匈牙利的獨立。至於波蘭，雖然它從一七九二年以來對革命所作的貢獻比這三個國家所作的全部貢獻還要大，可是它於一八六三年在十倍於自己的俄國優勢下失敗的時候，卻被拋棄不管了。波蘭貴族既沒有能夠保持住波蘭獨立，也沒有能夠重新爭得波蘭獨立；在資產階級看來，波蘭獨立在今天只是一件無關痛癢的事情。然而這種獨立卻是實現歐洲各民族和諧的合作所必需的。這種獨立只有年輕的波蘭無產階級才能爭得，而且在波蘭無產階級

手中，會很好地保持住。因爲歐洲其他各國的人，都像波蘭工人本身一樣需要波蘭的獨立。

弗·恩格斯

一八九二年二月十日於倫敦

載於一八九二年二月二十七日《黎明》雜誌第三十五期和

一八九二年在倫敦出版的波蘭文版《共產黨宣言》一書　原文是德文

選自《馬克思恩格斯選集》中文第二版第一卷第二六六——二六七頁

一八九三年義大利文版序言[33]

致義大利讀者

《共產黨宣言》的發表，可以說正好遇上一八四八年三月十八日這個日子，在米蘭和柏林發生革命，這是兩個民族的武裝起義[34]，其中一個處於歐洲大陸中心，另一個處於地中海各國中心；這兩個民族在此以前都由於分裂和內部紛爭而被削弱並因而遭到外族的統治。義大利受奧皇支配，而德國則受到俄國沙皇那種雖然不那麼直接、但是同樣可以感覺得到的壓迫。一八四八年三月十八日的結果使義大利和德國免除了這種恥辱；如果說，這兩個偉大民族在一八四八—一八七一年期間得到復興並以這種或那種形式重新獲得獨立，那麼，這是因為，正如馬克思所說，那些鎮壓一八四八年革

命的人違反自己的意志充當了這次革命的遺囑執行人³⁵。

這次革命到處都是由工人階級幹的；構築街壘和流血犧牲的都是工人階級。只有巴黎工人在推翻政府的同時也抱有推翻資產階級統治的明確意圖。但是，雖然他們已經認識到他們這個階級和資產階級之間存在著不可避免的對抗，然而無論法國經濟的進展或法國工人群眾的精神發展，都還沒有達到可能實現社會改造的程度。在其他國家，在義大利、德國、奧地利，工人從一開始就只限於幫助資產階級取得政權。但是在任何國家，資產階級的統治離開民族獨立都是不行的。因此，一八四八年革命必然給那些一直到那時還沒有統一和獨立的民族——義大利、德國、匈牙利帶來統一和獨立。現在輪到波蘭了。

因此，革命的果實最終必然被資本家階級拿去。

由此可見，一八四八年革命雖然不是社會主義革命，但它畢竟

爲社會主義革命掃清了道路，爲這個革命準備了基礎。最近四十五年以來，資產階級制度由於在各國引起了大工業的飛速發展，到處造成了人數眾多的、緊密團結的、強大的無產階級；這樣它就產生了——正如《宣言》所說——它自身的掘墓人。不恢復每個民族的獨立和統一，那就既不可能有無產階級的國際聯合，也不可能有各民族爲達到共同目的而必須實行的和睦的與自覺的合作。試想想看，在一八四八年以前的政治條件下，哪能有義大利工人、匈牙利工人、德意志工人、波蘭工人、俄羅斯工人的共同國際行動！

可見，一八四八年的戰鬥並不是白白進行的。從這次革命時期起直到今日的這四十五年，也不是白白過去的。這次革命時期的果實已開始成熟，而我的唯一願望是這個義大利文譯本的出版能成爲良好的預兆，成爲義大利無產階級勝利的預兆，如同《宣言》原文

的出版成了國際革命的預兆一樣。

《宣言》十分公正地評價了資本主義在先前所起過的革命作用。義大利曾經是第一個資本主義民族。封建的中世紀的終結和現代資本主義紀元的開端，是以一位大人物爲標誌的。這位人物就是義大利人但丁，他是中世紀的最後一位詩人，同時又是新時代的最初一位詩人。現在也如一三〇〇年那樣，新的歷史紀元正在到來。義大利是否會給我們一個新的但丁來宣告這個無產階級新紀元的誕生呢？

弗・恩格斯

一八九三年二月一日於倫敦

載於一八九三年在米蘭出版的義大利文版
《共產黨宣言》一書　原文是法文

選自《馬克思恩格斯選集》中文第二版第一卷第二六八——二七〇頁

共產黨宣言

一個幽靈，共產主義的幽靈，在歐洲遊蕩。為了對這個幽靈進行神聖的圍剿，舊歐洲的一切勢力，教皇和沙皇、梅特涅和基佐、法國的激進派和德國的員警，都聯合起來了。

有哪一個反對黨不被它的當政敵人罵為共產黨呢？又有哪一個反對黨不拿共產主義這個罪名去回敬更進步的反對黨人和自己的反動敵人呢？

從這一事實中可以得出兩個結論：

共產主義已經被歐洲的一切勢力公認為一種勢力；

現在是共產黨人向全世界公開說明自己的觀點、自己的目的、自己的意圖並且拿黨自己的宣言來反駁關於共產主義幽靈神話的時

候了。

為了這個目的，各國共產黨人集會於倫敦，擬定了如下的宣言，用英文、法文、德文、義大利文、弗拉芒文和丹麥文公佈於世。

一、資產者和無產者[1]

至今一切社會的歷史[2]，都是階級鬥爭的歷史。

---

[1] 恩格斯在一八八八年英文版上加了一個注：「資產階級是指佔有社會生產原料並使用雇傭勞動的現代資本家階級。無產階級是指沒有自己的生產原料、因而不靠出賣勞動來維持生活的現代雇傭工人階級。」——編者注

[2] 恩格斯在一八八八年英文版上，加了一個注：「這是指有文字記載的全部歷史。在一八四七年，社會的史前史，成文史以前的社會組織，幾乎還沒有人知道。後

自由民和奴隸、貴族和平民、領主和農奴、行會師傅[3]和幫

工，一句話，壓迫者和被壓迫者，始終處於相互對立的地位，進行

不斷的、有時隱蔽有時公開的鬥爭，而每一次鬥爭的結局都是整個

來，哈克斯特豪森發現了俄國的土地公有制，毛勒證明了這種公有制是一切條頓

族的歷史起源的社會基礎，而且人們逐漸發現，村社是或者曾經是從印度到愛爾

蘭的各地社會的原始形態。最後，摩爾根發現了氏族的真正本質及其對部落的關

係，這一卓絕發現把這種原始共產主義社會的內部組織的典型形式揭示出來了。

隨著這種原始公社的解體，社會開始分裂為各個獨特的、終於彼此對立的階級。

關於這個解體過程，我曾經試圖在《家庭、私有制和國家的起源》（一八八六年

斯圖加特第二版）中加以探討。」——編者注

[3] 恩格斯在一八八八年英文版上，加了一個注：「行會師傅就是在行會中享有全權

的會員，是行會內部的師傅，而不是行會的首領。」——編者注

社會受到革命改造或者鬥爭的各階級同歸於盡。

在過去的各個歷史時代，我們幾乎到處都可以看到社會完全劃分為各個不同的等級，看到社會地位分成多種多樣的層次。在古羅馬，有貴族、騎士、平民、奴隸，在中世紀，有封建主、臣僕、行會師傅、幫工、農奴，而且幾乎在每一個階級內部又有一些特殊的階層。

從封建社會的滅亡中產生出來的現代資產階級社會並沒有消滅階級對立。它只是用新的階級、新的壓迫條件、新的鬥爭形式代替了舊的。

但是，我們的時代，資產階級時代，卻有一個特點：它使階級對立簡單化了。整個社會日益分裂為兩大敵對的陣營，分裂為兩大相互直接對立的階級：資產階級和無產階級。

從中世紀的農奴中產生了初期城市的城關市民；從這個市民等級中發展出最初的資產階級分子。

美洲的發現、繞過非洲的航行，給新興的資產階級開闢了新天地。東印度和中國的市場、美洲的殖民地化、對殖民地的貿易、交換手段和一般商品的增加，使商業、航海業和工業空前發展，因而使正在崩潰的封建社會內部的革命因素迅速發展。

以前那種封建的或行會的工業經營方式已經不能滿足隨著新市場的出現而增加的需求了。工廠手工業代替了這種經營方式。行會師傅被工業的中間等級排擠掉了；各種行業組織之間的分工隨著各個作坊內部分工的出現而消失了。

但是，市場總是在擴大，需求總是在增加。甚至工廠手工業也不再能滿足需要了。於是，蒸汽和機器引起了工業生產的革命。現

代大工業代替了工廠手工業；工業中的百萬富翁，一支一支產業大軍的首領，現代資產者，代替了工業的中間等級。

大工業建立了由美洲的發現所準備好的世界市場。世界市場使商業，航海業和陸路交通得到了巨大的發展。這種發展又反過來促進了工業的擴展，同時，隨著工業、商業、航海業和鐵路的擴展，資產階級也在同一程度上得到發展，增加自己的資本，把中世紀遺留下來的一切階級排擠到後面去。

由此可見，現代資產階級本身是一個長期發展過程的產物，是生產方式和交換方式的一系列變革的產物。

資產階級這種發展的每一個階段，都伴隨著相應的政治上的進

展【4】。它在封建主統治下是被壓迫的等級，在公社【5】裡是武裝的和自治的團體，在一些地方組成獨立的城市共和國【6】，在另一些地方組

[4]「相應的政治上的進展」在一八八八年英文版中是「這個階級的相應的政治上的進展」。——編者注

[5] 恩格斯在一八八八年英文版上加了一個注：「法國的新興城市，甚至在它們從封建主手裡爭得地方自治和『第三等級』的政治權利以前，就已經稱爲『公社』了。一般說來，這裡是把英國當作資產階級經濟發展的典型國家，而把法國當作資產階級政治發展的典型國家。」

恩格斯在一八九〇年德文版上，加了一個注：「義大利和法國的市民。從他們的封建主手中買得或爭得最初的自治權以後。就把自己的城市共同體稱爲『公社』。」——編者注

[6] 在一八八八年英文版中這裡加上了「（例如在義大利和德國）」。——編者注

成君主國中的納稅的第三等級[7]；後來，在工廠手工業時期，它是等級君主國中，同貴族抗衡的勢力，而且是大君主國的主要基礎；最後，從大工業和世界市場建立的時候起，它在現代的代議制國家裡奪得了獨佔的政治統治。現代的國家政權不過是管理整個資產階級的共同事務的委員會罷了。

資產階級在歷史上曾經引出非常革命的作用。

資產階級在它已經取得了統治的地方把一切封建的、宗法的和田園詩般的關係都破壞了。它無情地斬斷了把人們束縛於天然尊長的形形色色的封建羈絆，它使人和人之間除了赤裸裸的利害關係，

[7] 在一八八八年英文版中，這裡加上了「（例如在法國）」。——編者注

[8] 「等級君主國」在一八八八年英文版中，是「半封建君主國」。——編者注

除了冷酷無情的「現金交易」，就再也沒有任何別的聯繫了。它把宗教虔誠、騎士熱忱、小市民傷感這些情感的神聖發作，淹沒在利己主義打算的冰水之中。它把人的尊嚴變成了交換價值，用一種沒有良心的貿易自由代替了無數特許的和自力掙得的自由。總而言之，它用公開的、無恥的、直接的、露骨的剝削代替了由宗教幻想和政治幻想掩蓋著的剝削。

資產階級抹去了一切向來受人尊崇和令人敬畏的職業的神聖光環。它把醫生、律師、教士、詩人和學者變成了它出錢招雇的雇傭勞動者。

資產階級撕下了罩在家庭關係上的溫情脈脈的面紗，把這種關係變成了純粹的金錢關係。

資產階級揭示了，在中世紀深受反動派稱許的那種人力的野蠻

使用，是以極端怠惰作為相應補充的。它第一個證明了，人的活動能夠取得什麼樣的成就。它創造了完全不同於埃及金字塔、羅馬水道和歌德式教堂的奇蹟；它完成了完全不同於民族大遷徙，[36]和十字軍征討，[37]的遠征。

　　資產階級除非對生產工具，從而對生產關係，從而對全部社會關係不斷地進行革命，否則就不能生存下去。反之，原封不動地保持舊的生產方式，卻是過去的一切工業階級生存的首要條件。生產的不斷變革，一切社會狀況不停的動盪，永遠的不安定和變動，這就是資產階級時代不同於過去一切時代的地方。一切固定的僵化的關係以及與之相適應的素來被尊崇的觀念和見解都被消除了，一切新形成的關係等不到固定下來就陳舊了。一切等級的和固定的東西都煙消雲散了，一切神聖的東西都被褻瀆了。人們終於不得不用冷

靜的眼光來看他們的生活地位、他們的相互關係。

不斷擴大產品銷路的需要，驅使資產階級奔走於全球各地。它必須到處落戶，到處開發，到處建立聯繫。

資產階級，由於開拓了世界市場，使一切國家的生產和消費都成爲世界性的。使反動派大爲惋惜的是，資產階級挖掉了工業腳下的民族基礎。古老的民族工業被消滅了，並且每天都還在被消滅。它們被新的工業排擠掉了，新的工業的建立已經成爲一切文明民族生命攸關的問題；這些工業所加工的，已經不是本地的原料，而是來自極其遙遠的地區原料；它們的產品不僅供本國消費，而且同時供世界各地消費。舊的、靠本國產品來滿足的需要，被新的、要靠極其遙遠的國家和地帶的產品來滿足的需要所代替了。過去那種地方和民族自給自足以及閉關自守狀態，被各民族的各方面互相往來

和各方面的互相依賴所代替了。物質的生產是如此，精神的生產也是如此。各民族的精神產品成了公共的財產。民族的片面性和侷限性，日益成為不可能，於是由許多種民族的和地方的文學，形成了一種世界的文學[9]。

資產階級，由於一切生產工具的迅速改進，由於交通的極其便利，把一切民族甚至最野蠻的民族，都捲到文明中來了。它的商品的低廉價格，是它用來摧毀一切萬里長城、征服野蠻人最頑強的仇外心理的重炮。它迫使一切民族，如果它們不想滅亡的話，採用資產階級的生產方式；它迫使它們在自己那裡推行所謂的文明，即變

---

[9] 「文學」一詞德文是「Literatur」，這裡泛指科學、藝術、哲學、政治等等方面的著作。——編者注

成資產者。一句話，它按照自己的面貌爲自己創造出一個世界。

資產階級使農村屈服於城市的統治。它創立了巨大的城市，使城市人口比農村人口大大增加起來，因而使很大一部分居民脫離了農村生活的愚昧狀態。正像它使農村從屬於城市一樣，它使未開化和半開化的國家從屬於文明的國家，使農民的民族從屬於資產階級的民族，使東方從屬於西方。

資產階級日甚一日地消滅生產原料、財產和人口的分散狀態。它使人口密集起來，使生產原料集中起來，使財產聚集在少數人的手裡。由此必然產生的結果就是政治的集中。各自獨立的、幾乎只有同盟關係的、各有不同利益、不同法律、不同政府、不同關稅的各個地區，現在已經結合爲一個擁有統一的政府、統一的法律、統一的民族階級利益和統一的關稅的統一民族。

資產階級在它不到一百年的階級統治中所創造的生產力，比過去一切世代創造的全部生產力還要多、還要大。自然力的征服，機器的採用，化學在工業和農業中的應用，輪船的行駛，鐵路的通行，電報的使用，整個大陸的開墾，河川的通航，彷彿用法術從地下呼喚出來的大量人口，過去哪一個世紀料想到在社會勞動裡蘊藏有這樣的生產力呢？

由此可見，資產階級賴以形成的生產資料和交換手段，是在封建社會裡造成的。在這些生產資料和交換手段發展的一定階段上，封建社會的生產和交換，在其中進行的關係，封建的農業和工廠手工業組織，一句話，封建的所有制關係，就不再適應已經發展的生產力了。這種關係已經在阻礙生產而不是促進生產了。它變成了束縛生產的桎梏。它必須被炸毀，它已經被炸毀了。

取而代之的是自由競爭以及與自由競爭相適應的社會制度和政治制度、資產階級的經濟統治和政治統治。

現在，我們眼前又進行著類似的運動。資產階級的生產關係和交換關係，資產階級的所有制關係，這個曾經彷彿用法術創造了如此龐大的生產資料，和交換手段的現代資產階級社會，現在像一個魔法師一樣不能再支配自己用法術呼喚出來的魔鬼了。幾十年來的工業和商業的歷史，只不過是現代生產力反抗現代生產關係、反抗作爲資產階級及其統治的存在條件的所有制關係的歷史。只要指出在週期性的重複中愈來愈危及整個資產階級社會生存的商業危機就夠了。在商業危機期間，總是刁；僅有很大一部分製成的產品被毀滅掉，而且有很大部分已經造成的生產力被毀滅掉。在危機期間，發生一種在過去一切時代看來都好像是荒唐現象的社會瘟疫，即生

產過剩的瘟疫。社會突然發現自己回到了一時的野蠻狀態；就像是一次饑荒、一場普遍的毀滅性戰爭，使社會失去了全部生活資料；工業和商業全被毀滅了，這是什麼緣故呢？因為社會上文明過度，生活資料太多，工業和商業太發達。社會所擁有的生產力已經不能再促進資產階級文明和資產階級所有制關係的發展；相反，生產力已經強大到這種關係所不能適應的地步，它已經受到這種關係的阻礙；而它一著手克服這種障礙，就使整個資產階級社會陷入混亂，就使資產階級所有制的存在受到威脅。資產階級的關係已經太狹窄了，再也容納不了它本身所造成的財富了。資產階級用什麼力、法來克服這種危機呢？一方面不得不消滅大量生產力，另一方面奪取新的市場，更加徹底地利用舊的市場。這究竟是怎樣的一種辦法呢？這不過是資產階級準備更全面、更猛烈的危機的辦法，不過是

使防止危機來愈少的辦法。

　　資產階級用來推翻封建制度的武器，現在卻對準資產階級自己了。

　　但是，資產階級不僅鍛造了置自身於死地的武器；它還產生了將要運用這種武器的人——現代的工人，即無產者。

　　隨著資產階級即資本的發展，無產階級即現代工人階級也在同一程度上得到發展；現代的工人只有當他們找到工作的時候才能生存，而且只有當他們的勞動增殖資本的時候才能找到工作。這些不得不把自己零星出賣的工人，像其他任何貨物一樣，也是一種商品，所以他們同樣地受到競爭的一切變化、市場一切波動的影響。

　　由於推廣機器和分工，無產者的勞動已經失去了任何獨立的性質，因而對工人也失去了任何吸引力。工人變成工廠機器單純的附

屬品，要求他做的只是極其簡單、極其單調和極容易學會的操作。

因此，花在工人身上的費用，幾乎只限於維持工人生活和延續工人後代所必需的生活供給。但是，商品的價格，從而勞動的價格[38]，是和它的生產費用相等的。因此，勞動愈使人感到厭惡，工資也就愈減少。不僅如此，機器愈推廣，分工愈細緻，勞動量[10]也就愈增加，這或者是由於工作時間的延長，或者是由於在一定時間內所要求的勞動的增加，機器運轉的加速，等等。

現代工業已經把家長式的師傅的小作坊變成了工業資本家的大工廠。擠在工廠裡的工人群眾就像士兵一樣被組織起來。他們是產

【10】「勞動量」在一八八八年英文版中是「勞動負擔」。——編者注

業軍的普通士兵，受著各級軍士和軍官的層層監視。他們不僅僅是資產階級的、資產階級國家的奴隸，他們每日每時都受機器、受監工、首先是受各個經營工廠的資產者本人的奴役。這種專制制度越是公開地把營利宣佈為自己的最終目的，它就愈是可鄙、可恨和可惡。

手工操作所要求的技巧和氣力愈少；換句話說，現代工業愈發達，男工也就愈受到女工和童工的排擠。對工人階級來說，性別和年齡的差別再也沒有什麼社會意義了。他們都只是勞動工具，不過因為年齡和性別的不同而需要不同的費用罷了。

當廠主對工人的剝削告一段落，工人領到了用現金支付的工資的時候，馬上就有資產階級中的另一部分人——房東、小店主、當舖老闆等等向他們撲來。

以前的中間等級的下層，即小工業家、小商人和小營利者，手工業者和農民——所有這些階級，都降落到無產階級的隊伍裡來了，有的是因為他們的小資本不足以經營大工業，經不起較大的資本家的競爭；有的是因為他們的手藝已經被新的生產方法弄得不值錢了。無產階級就是這樣從居民的所有階級中得到補充的。

無產階級經歷了各個不同的發展階段。它反對資產階級的鬥爭是和它的存在同時開始的。

最初是一個工人，然後是某一工廠的工人，然後是某一地方的某一勞動部門的工人，和直接剝削他們的單個資產者作鬥爭。他們

不僅僅攻擊資產階級的生產關係，而且攻擊生產工具本身[二]；他們毀壞那些來競爭的外國商品，搗毀機器，燒毀工廠，力圖恢復已經失去的中世紀工人的地位。

在這個階段上，工人是分散在全國各地並為競爭所分裂的群眾。工人的大規模集結，還不是他們自己聯合的結果，而是資產階級聯合的結果，當時資產階級為了達到自己的政治目的必須而且暫時還能夠把整個無產階級發動起來。因此，在這個階段上，無產者不是同自己的敵人作鬥爭，而是同自己的敵人的敵人作鬥爭，即同專制君主制的殘餘、地主、非工業資產者和小資產者作鬥爭。因

【二】 這句話在一八八八年英文版中是「他們不是攻擊資產階級的生產關係，而是攻擊生產工具本身」。——編者注

此，整個歷史運動都集中在資產階級手裡；在這種條件下取得的每一個勝利都是資產階級的勝利。

但是，隨著工業的發展，無產階級不僅人數增加了，而且它結合成更大的團體，它的力量日益增長，它愈來愈感覺到自己的力量。機器使勞動的差別愈來愈小，使工資幾乎到處都降到同樣低的水準，因而無產階級內部的利益，生活狀況也愈來愈趨於一致。資產者彼此間日益加劇的競爭以及由此引起的商業危機，使工人的工資愈來愈不穩定；機器日益迅速的和繼續不斷的改良，使工人的整個生活地位愈來愈沒有保障；單個工人和單個資產者之間的衝突愈來愈具有兩個階級的衝突性質。工人開始成立反對資產者的同

盟【12】；他們聯合起來保衛自己的工資。他們甚至建立了經常性的團體，以便爲可能發生的反抗準備食品。有些地方，鬥爭爆發爲起義。

工人有時也得到勝利，但這種勝利只是暫時的。他們鬥爭的眞正成果並不是直接取得的成功，而是工人的愈來愈擴大的聯合。這種聯合由於大工業所造成的日益發達的交通工具而得到發展，這種交通工具把各地的工人彼此聯繫起來。只要有了這種聯繫，就能把許多性質相同的地方性的鬥爭匯合成全國性的鬥爭，匯合成階級鬥爭。而一切階級鬥爭都是政治鬥爭。中世紀的市民靠鄉間小道需要

【12】在一八八八年英文版中這裡加上了「（工聯）」。──編者注

幾百年才能達到的聯合，現代的無產者利用鐵路只要幾年就可以達到了。

無產者組織成為階級，從而組織成為政黨這件事，不斷地由於工人的自相競爭而受到破壞。但是，這種組織總是重新產生，並且一次比一次更強大、更堅固、更有力。它利用資產階級內部的分裂，迫使他們用法律形式承認工人的個別利益。英國的十小時工作日法案[39]就是一個例子。

舊社會內部的所有衝突，在許多方面，都促進了無產階級的發展。資產階級處於不斷的鬥爭中：最初反對貴族；後來反對同工業進步有利害衝突的那部分資產階級；經常反對一切外國的資產階級。在這一切鬥爭中，資產階級都不得不向無產階級呼籲，要求無產階級援助，這樣就把無產階級捲進了政治運動。於是，資產階級

自己就把自己的教育因素[13]即反對自身的武器給予了無產階級。

其次，我們已經看到，工業的進步把統治階級的整批成員拋到無產階級隊伍裡去，或者至少也使他們的生活條件受到威脅。他們也給無產階級帶來了大量的教育因素[14]。

最後，在階級鬥爭接近決戰的時期，統治階級內部的、整個舊社會內部的瓦解過程，就達到非常強烈、非常尖銳的程度，甚至使得統治階級中的一小部分人脫離統治階級而歸附於革命的階級，即

[13] 「教育因素」在一八八八年英文版中，是「政治教育和普通教育的因素」。——編者注

[14] 「大量的教育因素」在一八八八年英文版中是「啓蒙和進步的新因素」。——編者注

掌握著未來的階級。所以，正像過去貴族中有一部分人轉到資產階級方面一樣，現在資產階級中也有一部分人，特別是已經提高到從理論上認識整個歷史運動這一水準的一部分資產階級思想家，轉到無產階級方面來了。

在當前同資產階級對立的一切階級中，只有無產階級是真正革命的階級。其餘的階級都隨著大工業的發展而日趨沒落和滅亡，無產階級卻是大工業本身的產物。

中間等級，即小工業家、小商人、手工業者、農民，他們同資產階級作鬥爭，都是為了維護他們這種中間等級的生存，以免於滅亡。所以，他們不是革命的，而是保守的。不僅如此，他們甚至是反動的，因為他們力圖使歷史的車輪倒轉。如果說他們是革命的，那是鑒於他們行將轉入無產階級的隊伍，這樣，他們就不是維護他

們目前的利益，而是維護他們將來的利益，他們就離開自己原來的立場，而站到無產階級的立場上來。

流氓無產階級是舊社會最下層中消極且腐化的部分，他們在一些地方也被無產階級革命捲到運動裡來，但是，由於他們的整個生活狀況，他們更甘心於被人收買，去做反動的勾當。

在無產階級的生活條件中，舊社會的生活條件已經被消滅了。

無產者是沒有財產的；他們和妻子兒女的關係同資產階級的家庭關係再沒有任何共同之處了；現代的工業勞動，現代的資本壓迫，無論在英國或法國，無論在美國或德國，都是一樣的，都使無產者失去了任何民族性。法律、道德、宗教在他們看來全都是資產階級偏見，隱藏在這些偏見後面的全都是資產階級利益。

過去一切階級在爭得統治之後，總是使整個社會服從於它們發

財致富的條件，企圖以此來鞏固它們已經獲得的生活地位。無產者只有廢除自己現存的佔有方式，從而廢除全部現存的佔有方式，才能取得社會生產力。無產者沒有什麼自己的東西必須加以保護，他們必須摧毀至今保護和保障私有財產的一切。

過去的一切運動都是少數人的或者為少數人謀利益的運動。無產階級的運動是絕大多數人的、為絕大多數人謀利益的獨立的運動。無產階級，現今社會的最下層，如果不炸毀構成官方社會的整個上層，就不能抬起頭來，挺起胸來。

如果不就內容而就形式來說，無產階級反對資產階級的鬥爭首先是一國範圍內的鬥爭。每一個國家的無產階級當然首先應該打倒本國的資產階級。

在敘述無產階級發展的最一般的階段的時候，我們循序探討了

現存社會內部或多或少隱蔽著的國內戰爭，直到這個戰爭爆發為公開的革命，無產階級用暴力推翻資產階級而建立自己的統治。

我們已經看到，至今的一切社會都是建立在壓迫階級和被壓迫階級的對立之上。但是，為了有可能壓迫一個階級，就必須保證這個階級至少有能夠勉強維持它的奴隸般的生存條件。農奴曾經在農奴制度下掙扎到公社成員的地位，小資產者曾經在封建專制制度的束縛下掙扎到資產者的地位。現代的工人卻相反，他們並不是隨著工業的進步而上升，而是愈來愈降到本階級的生存條件以下。工人變成赤貧者，貧困比人口和財富增長得還要快。由此可以明顯地看出，資產階級再也不能做社會的統治階級了，再不能把自己階級的生存條件當作支配一切的規律強加於社會了。資產階級不能統治下去了，因為它甚至不能保證自己的奴隸維持奴隸的生活，因為它

不得不讓自己的奴隸落到不能養活它反而要它來養活的地步。社會再不能在它統治下生存下去了，就是說，它的生存不再和社會相容了。

資產階級生存和統治的根本條件，是財富在私人手裡的累積，是資本的形成和增殖；資本的條件是雇傭勞動。雇傭勞動完全是建立在工人的自相競爭之上。資產階級無意中造成而又無力抵抗的工業進步，使工人透過結社而達到的革命聯合代替了他們由於競爭而造成的分散狀態。於是，隨著大工業的發展，資產階級賴以生產和佔有產品的基礎本身也就從它的腳下被挖掉了。它首先生產的是它自身的掘墓人。資產階級的滅亡和無產階級的勝利，是同樣不可避免的。

二、無產者和共產黨人

共產黨人和全體無產者的關係是怎樣的呢？

共產黨人不是和其他工人政黨相對立的特殊政黨。

他們沒有任何和整個無產階級的利益不同的利益。

他們不提出任何特殊的【15】原則，用以塑造無產階級的運動。

共產黨人和其他無產階級政黨不同的地方只是：一方面，在無產者不同的民族鬥爭中，共產黨人強調和堅持整個無產階級共同的不分民族的利益；另一方面，在無產階級和資產階級的鬥爭所經歷的各個發展階段上，共產黨人始終代表整個運動的利益。

【15】 「特殊的」在一八八八年英文版中，是「宗派的」。——編者注

因此，在實踐方面，共產黨人是各國工人政黨中最堅決的、始終起推動作用的部分[16]；在理論方面，他們勝過其餘無產階級群眾的地方在於他們瞭解無產階級運動的條件、進程和一般結果。

共產黨人的最近目的是和其他一切無產階級政黨的最近目的一樣的：使無產階級形成為階級，推翻資產階級的統治，由無產階級奪取政權。

共產黨人的理論原理，絕不是以這個或那個世界改革家所發明或發現的思想、原則為根據的。

這些原理不過是現存的階級鬥爭、我們眼前歷史運動真實關係

【16】「最堅決的、始終起推動作用的部分」在一八八八年英文版中是「最先進的和最堅決的部分，推動所有其他部分前進的部分」。——編者注

的一般表述。廢除先前存在的所有制關係，並不是共產主義所獨具的特徵。

一切所有制關係都經歷了經常性的歷史更替與歷史變更。

例如，法國革命廢除了封建的所有制，代之以資產階級的所有制。

共產主義的特徵並不是要廢除一般的所有制，而是要廢除資產階級的所有制。

但是，現代的資產階級私有制是建立在階級對立上面、建立在一些人對另一些人的剝削[17]上面的產品生產和佔有的最後而又最完

備的表現。

從這個意義上說，共產黨人可以把自己的理論概括爲一句話：消滅私有制。

有人責備我們共產黨人，說我們要消滅個人掙得的、自己勞動得來的財產，要消滅構成個人的一切自由、活動和獨立的基礎的財產。

好一個勞動得來的、自己掙得的、自己賺來的財產！你們說的是資產階級財產出現以前的那種小資產階級的、小農的財產嗎？那種財產用不著我們去消滅，工業的發展已經把它消滅了，而且每天都在消滅它。

或者，你們說的是現代的資產階級的私有財產吧？

但是，難道雇傭勞動，無產者的勞動，會給無產者創造出財產

來嗎？沒有的事。這種勞動所創造的是資本，即剝削雇傭勞動的財產，只有在不斷產生出新的雇傭勞動來重新加以剝削的條件下，才能增殖的財產。現今的這種財產是在資本和雇傭勞動的對立中運動的。讓我們來看看這種對立的兩個方面吧。

做一個資本家，這就是說，他在生產中不僅佔有一種純粹個人的地位，而且佔有一種社會的地位。資本是集體的產物，它只有透過社會許多成員的共同活動，而且歸根究底只有透過社會全體成員的共同活動，才能運動起來。

因此，資本不是一種個人力量，而是一種社會力量。

因此，把資本變為公共的、屬於社會全體成員的財產，這並不是把個人財產變為社會財產。這裡所改變的只是財產的社會性質。它將失掉它的階級性質。

現在，我們來看看雇傭勞動。

雇傭勞動的平均價格是最低限度的工資，即工人為維持其工人的生活所必需的生活原料的數額。因此，雇傭工人靠自己的勞動所佔有的東西，只夠勉強維持他的生命的再生產。我們決不打算消滅這種供直接生命再生產用的勞動產品的個人佔有，這種佔有並不會留下任何剩餘的東西使人們有可能支配別人的勞動。我們要消滅的只是這種佔有的可憐性質，在這種佔有下，工人僅僅為增殖資本而活著，只有在統治階級的利益需要他活著的時候才能活著。

在資產階級社會裡，活的勞動只是增值已經累積起來的勞動的一種手段。在共產主義社會裡，已經累積起來的勞動只是擴大、豐富和提高工人生活的一種手段。

因此，在資產階級社會裡是過去支配現在，在共產主義社會裡

是現在支配過去。在資產階級社會裡，資本具有獨立性和個性，而活動著的個人卻沒有獨立性和個性。

而資產階級卻把消滅這種關係說成是消滅個性和自由！說對了。的確，正是要消滅資產者的個性、獨立性和自由。

在現今的資產階級生產關係的範圍內，所謂自由就是自由貿易，自由買賣。

但是，買賣一消失，自由買賣也就會消失。關於自由買賣的言論，也像我們的資產階級的其他一切關於自由的大話一樣，僅僅對於不自由的買賣來說，對於中世紀被奴役的市民來說，才是有意義的，而對於共產主義要消滅買賣、消滅資產階級生產關係和資產階級本身這一點來說，卻是毫無意義的。

我們要消滅私有制，你們就驚慌起來。但是，在你們的現存

社會裡，私有財產對十分之九的成員來說已經被消滅了；這種私有制之所以存在，正是因為私有財產對十分之九的成員而言已經不存在。可見，你們責備我們，就是說我們要消滅那種以社會上的絕大多數人沒有財產為必要條件的所有制。

總而言之，的確，我們是要這樣做的。

從勞動不再能變為資本、貨幣、地租；一句話，不再能變為可以壟斷的社會力量的時候起，就是說，從個人財產不再能變為資產階級財產[18]的時候起，你們說，個性被消滅了。

由此可見，你們是承認，你們所理解的個性，不外是資產者、

資產階級私有者。這樣的個性確實應當被消滅。

共產主義並不剝奪任何人佔有社會產品的權力，它只剝奪利用這種佔有去奴役他人勞動的權力。

有人反駁說，私有制一消滅，一切活動就會停止，懶惰之風就會興起。

這樣說來，資產階級社會早就應該因懶惰而滅亡了，因為在這個社會裡勞者不獲，獲者不勞。所有這些顧慮，都可以歸結為這樣一個同義反復：一旦沒有資本，也就不再有雇傭勞動了。

所有這些對共產主義的物質產品的佔有方式和生產方式的責備，也被擴及到精神產品的佔有和生產方面。正如階級的所有制的終止在資產者看來是生產本身的終止一樣，階級教育的終止，在他們看來就等於一切教育的終止。

資產者唯恐失去的那種教育，對絕大多數人來說是把人訓練成機器。

但是，你們既然用你們資產階級關於自由、教育、法律等等的觀念來衡量廢除資產階級所有制的主張，那就請你們不要和我們爭論了。你們的觀念本身是資產階級的生產關係和所有制關係的產物，正像你們的法不過是被奉為法律的你們這個階級的意志一樣，而這種意志的內容是由你們這個階級的物質生活條件來決定的。

你們的利己觀念使你們把自己的生產關係和所有制關係從歷史的、在生產過程中是暫時的關係變成永恆的自然規律和理性規律，這種利己觀念是你們和一切滅亡了的統治階級所共有的。談到古代所有制的時候你們所能理解的；談到封建所有制的時候，你們所能理解的；一談到資產階級所有制你們就再也不能理解了。

消滅家庭！連極端的激進派也對共產黨人的這種可恥意圖表示憤慨。

現代的、資產階級的家庭是建立在什麼基礎上的呢？是建立在資本上面，建立在私人發財上面的。這種家庭只是在資產階級那裡才以充分發展的形式存在著，而無產者的被迫獨居和公開的賣淫則是它的補充。

資產者的家庭自然會隨著它的這種補充的消失而消失，兩者都要隨著資本的消失而消失。

你們是責備我們要消滅父母對子女的剝削嗎？我們承認這種罪狀。

但是，你們說，我們用社會教育代替家庭教育，就是要消滅人們最親密的關係。

而你們的教育不也是由社會決定的嗎？不也是由你們進行教育時所處的那種社會關係決定的嗎？不也是由社會透通過學校等等進行的直接或間接的干涉決定的嗎？共產黨人並沒有發明社會對教育的作用；他們僅僅是要改變這種作用的性質，要使教育擺脫統治階級的影響。

無產者的一切家庭連結，愈是由於大工業的發展而被破壞，他們的子女愈是由於這種發展而被變成單純的商品和勞動工具，資產階級關於家庭和教育、關於父母和子女的親密關係的空話就愈是令人作嘔。

但是，你們共產黨人是要實行公妻制的啊，整個資產階級異口同聲地向我們這樣叫喊。

資產者是把自己的妻子看作單純的生產工具。他們聽說生產工

具將要公共使用，自然就不能不想到婦女也會遭到同樣的命運。

他們想也沒有想到，問題正在於使婦女不再處於單純生產工具的地位。

其實，我們的資產者裝得道貌岸然，對所謂的共產黨人的正式公妻制表示驚訝，那是再可笑不過了。公妻制無需共產黨人來實行，它差不多是向來就有的。

我們的資產者不以他們的無產者的妻子和女兒受他們支配為滿足，正式的賣淫更不必說了，他們還以互相誘姦妻子為最大的享樂。

資產階級的婚姻實際上是公妻制。人們至多只能責備共產黨人，說他們想用正式的、公開的公妻制來代替僞善地掩蔽著的公妻制。其實，不言而喻，隨著現在的生產關係的消滅，從這種關係中

產生的公妻制，即正式和非正式的賣淫，也就消失了。

有人還責備共產黨人，說他們要取消祖國，取消民族。

工人沒有祖國。絕不能剝奪他們所沒有的東西。因為無產階級首先必須取得政治統治，上升為民族的階級[19]，把自身組織成為民族，所以它本身還是民族的，雖然完全不是資產階級所理解的那種意思。

隨著資產階級的發展，隨著貿易自由的實現和世界市場的建立隨著工業生產以及與之相適應的生活條件的趨於一致，各國人民之間的民族分隔和對立，日益消失。

【19】「民族的階級」在一八八八年英文版中是「民族的領導階級」。──編者注

無產階級的統治將使它們更快地消失。聯合的行動，至少是各文明國家的聯合行動，是無產階級獲得解放的首要條件之一。

人對人的剝削一消滅，民族對民族的剝削就會隨之消滅。

民族內部的階級對立一消失，民族之間的敵對關係就會隨之消失。

從宗教的、哲學的和一切意識形態的觀點對共產主義提出的種種責難，都不值得詳細討論了。

人們的觀念、觀點和概念；一句話，人們的意識，隨著人們的生活條件、人們的社會關係、人們的社會存在的改變而改變，這難道需要經過深思才能瞭解嗎？

思想的歷史除了證明精神生產隨著物質生產的改造而改造，還證明了什麼呢？任何一個時代的統治思想，始終都不過是統治階級

的思想。

當人們談到使整個社會革命化的思想時，他們只是表明了一個

事實：在舊社會內部已經形成了新社會的因素，舊思想的瓦解是和

舊生活條件的瓦解步調一致的。

當古代世界走向滅亡的時候，古代的各種宗教就被基督教戰勝

了。當基督教思想在十八世紀被啓蒙思想擊敗的時候，封建社會正

在和當時革命的資產階級進行殊死的鬥爭。信仰自由和宗教自由的

思想，不過表明自由競爭在信仰領域[20]裡佔統治地位罷了。

「但是」，有人會說，「宗教的、道德的、哲學的、政治的、

[20]「信仰領域」在一八七二、一八八三和一八九〇年德文版中，是「知識領

域」。──編者注

法律的觀念等等在歷史發展的進程中固然是不斷改變的，而宗教、道德、哲學、政治和法律在這種變化中卻始終保存著。

此外，還存在著一切社會狀態所共有的永恆真理，如自由、正義等等。但是共產主義要廢除永恆真理，它要廢除宗教、道德，而不是加以革新，所以共產主義是和至今的全部歷史發展相矛盾的。」

這種責難歸結為什麼呢？至今的一切社會的歷史都是在階級對立中運動的，而這種對立在不同的時代具有不同的形式。

但是，不管階級對立具有什麼樣的形式，社會上一部分人對另一部分人的剝削卻是過去各個世紀所共有的事實。因此，毫不奇怪，各個世紀的社會意識，儘管形形色色、千差萬別，總是在某些共同的形式中運動的，這些形式、這些意識形式，只有當階級對立

完全消失的時候才會完全消失。

共產主義革命就是和傳統的所有制關係實行最徹底的決裂；

毫不奇怪，它在自己的發展進程中要和傳統的觀念實行最徹底的決裂。

不過，我們還是把資產階級對共產主義的種種責難，撇開吧。

前面我們已經看到，工人革命的第一步就是使無產階級上升為統治階級，爭得民主。

無產階級將利用自己的政治統治，一步一步地奪取資產階級的全部資本，把一切生產工具集中在國家即組織成為統治階級的無產階級手裡，並且盡可能快地增加生產力的總量。

要做到這一點，當然首先必須對所有權和資產階級生產關係實行強制性的干涉，也就是採取這樣一些措施，這些措施在經濟上

似乎是不夠充分和缺乏力量的，但是在運動進程中它們會越出本身，[21]而且作爲變革全部生產方式的手段是必不可少的。

這些措施在不同的國家裡當然會是不同的。

但是，最先進的國家幾乎都可以採取下面的措施：

1. 剝奪地產，把地租用於國家支出。

2. 徵收高額累進稅。

3. 廢除繼承權。

4. 沒收一切流亡分子和叛亂分子的財產。

5. 透過擁有國家資本和獨享壟斷權的國家銀行，把信貸集中

[21] 在一八八八年英文版中這裡加上了「使進一步向舊的社會制度進攻成爲必要」。——編者注

在國家手裡。

6. 把全部運輸業集中在國家手裡。

7. 按照整體計畫增加國家工廠和生產工具，開墾荒地和改良土壤。

8. 實行普遍勞動義務制，成立產業軍，特別是在農業方面。

9. 把農業和工業結合起來，促使城鄉對立[22]逐步消滅[23]。

10. 對所有兒童實行公共和免費的教育。取消現在這種形式的兒童的工廠勞動。把教育和物質生產結合起來，等等。

[22]「對立」在一八七二、一八八三和一八九〇年德文版中是「差別」。——編者注

[23]在一八八八年英文版中這一條是：「把農業和工業結合起來：透過把人口更平均地分佈於全國的辦法逐步消滅城鄉差別。」——編者注

當階級差別在發展進程中已經消失，而全部生產集中在聯合起來的個人[24]手裡的時候，公共權力就失去政治性質。原來意義上的政治權力，是一個階級用以壓迫另一個階級的有組織的暴力。如果說無產階級在反對資產階級的鬥爭中，一定要聯合為階級，如果說它透過革命使自己成為統治階級，並以統治階級的資格用暴力消滅舊的生產關係，那麼它在消滅這種生產關係的同時，也就消滅了階級對立的存在條件，消滅了階級本身的存在條件[25]，從而消滅了它自己這個階級的統治。

———

[24] 「聯合起來的個人」在一八八八年英版中是「巨大的全國聯合體」。——編者注

[25] 「消滅了階級本身的存在條件」在一八七二、一八八三和一八九〇年德文版中是「消滅了階級本身」。——編者注

代替那存在著階級和階級對立的資產階級舊社會的，將是這樣一個聯合體，在那裡，每個人的自由發展是一切人的自由發展的條件。

三、社會主義的和共產主義的文獻

1. 反動的社會主義

（甲）封建的社會主義

法國和英國的貴族，按照他們的歷史地位所負的使命，就是寫一些抨擊現代資產階級社會的作品。在法國的一八三〇年七月革命[40]和英國的改革運動[41]中，他們再一次被可恨的暴發戶打敗了。從此就再也談不上嚴重的政治鬥爭了。他們還能進行的只是文字鬥爭。

但是，即使在文字方面也不可能重彈復辟時期[26]的老調了。為了激起同情，貴族們不得不裝模作樣，似乎他們已經不關心自身的利益，只是為了被剝削的工人階級的利益，才去寫對資產階級的控訴書。他們用來洩憤的手段是：唱唱詛咒他們的新統治者的歌，並向他嘁嘁咕咕地說一些或多或少兇險的預言。

這樣就產生了封建的社會主義，半是輓歌，半是謗文，半是過去的回音，半是未來的恫嚇；它有時也能用辛辣、俏皮而尖刻的評論刺中資產階級的心，但是它由於完全不能理解現代歷史的進程而

【26】恩格斯在一八八八年英文版上加了一個注：「這裡所指的不是一六六○─一六八九年英國的復辟時期，而是一八一四─一八三○年法國的復辟時期。」──編者注

總是令人感到可笑。

為了拉攏人民，貴族們把無產階級的乞食袋當作旗幟來揮舞。

但是，每當人民跟著他們走的時候，都發現他們的臀部帶有舊的封建紋章，於是就哈哈大笑，一哄而散。

一部分法國正統派[42]和「青年英國」[43]，都演過這齣戲。

封建主說，他們的剝削方式和資產階級的剝削不同，那他們只是忘記了，他們是在完全不同的、目前已經過時的情況和條件下進行剝削的。他們說，在他們的統治下並沒有出現過現代的無產階級，那他們只是忘記了，現代的資產階級正是他們的社會制度的必然產物。

不過，他們毫不掩飾自己的批評的反動性質，他們控告資產階級的主要罪狀正是在於：在資產階級的統治下有一個將把整個舊社

會制度炸毀的階級發展起來。

他們責備資產階級，與其說是因為它產生了無產階級，不如說是因為它產生了革命的無產階級。

因此，在政治實踐中，他們參與對工人階級採取的一切暴力措施，在日常生活中，他們違背自己的那一套冠冕堂皇的言詞，屈尊拾取金蘋果[27]，不顧信義、仁愛和名譽去做羊毛、甜菜和燒酒的買賣[28]。

---

[27]「金蘋果」在一八八八年文版中，是「工業樹上掉下來的金蘋果」。——編者注

[28]恩格斯在一八八八年英文版上加了一個注：「這裡主要是指德國，那裡的土地貴族和地主透過管事自行經營自己的很大一部分土地，他們還開設大規模的甜菜糖廠和馬鈴薯酒廠。較富有的英國貴族還沒有落到這種地步；但是，他們也知道怎

正如僧侶總是和封建主攜手同行一樣，僧侶的社會主義也總是和封建的社會主義攜手同行的。

要給基督教禁欲主義塗上一層社會主義的色彩，是再容易不過了。基督教不是也激烈反對私有財產、反對婚姻、反對國家嗎？它不是提倡用行善和求乞、獨身和禁欲、修道和禮拜來代替這一切嗎？基督教的社會主義，只不過是僧侶用來使貴族的怨憤神聖化的聖水罷了。

(乙) 小資產階級的社會主義

封建貴族並不是被資產階級所推翻的、其生活條件在現代資產

階級社會裡，是日益惡化和消失的唯一階級。中世紀的城關市民和小農等級是現代資產階級的前身。在工商業不很發達的國家裡，這個階級還在新興的資產階級身旁勉強生存著。

在現代文明已經發展的國家裡，形成了一個新的小資產階級，它搖擺於無產階級和資產階級之間，並且作為資產階級社會的補充部分不斷地重新組成。但是，這一階級的成員經常被競爭拋到無產階級隊伍裡去，而且，隨著大工業的發展，他們甚至察覺到，他們很快就會完全失去他們作為現代社會中一個獨立部分的地位，在商業、工業和農業中很快就會被監工和雇員所代替。

在農民階級遠遠超過人口半數的國家，例如在法國，那些站在無產階級方面反對資產階級的著作家，自然是用小資產階級和小農的尺度去批判資產階級制度的，是從小資產階級的立場出發替工人

說話的。這樣就形成了小資產階級的社會主義。西斯蒙第不僅對法國而且對英國來說都是這類著作家的首領。

這種社會主義非常透徹地分析了現代生產關係中的矛盾。它揭穿了經濟學家虛偽的粉飾。它確鑿地證明了機器和分工的破壞作用、資本和地產的積聚、生產過剩、危機、小資產者和小農的必然沒落、無產階級的貧困、生產的無政府狀態、財富分配的極不平均、各民族之間的毀滅性的工業戰爭，以及舊風尚、舊家庭關係和舊民族性的解體。

但是，這種社會主義按其實際內容來說，或者是企圖恢復舊的生產資料和交換手段，從而恢復舊的所有制關係和舊的社會，或者是企圖重新把現代的生產原料和交換手段硬塞到已被它們突破而且必然被突破的舊的所有制關係的框架裡去。它在這兩種場合都是反

動的，同時又是空想的。

工業中的行會制度，農業中的宗法經濟，──這就是它的結論。

這一思潮在它以後的發展中變成了一種怯懦的悲歎。[29]

（丙）德國的或「真正的」社會主義

法國的社會主義和共產主義的文獻是在居於統治地位的資產階級的壓迫下產生的，並且是和這種統治作鬥爭的文字表現，這種文獻被搬到德國的時候，那裡的資產階級才剛剛開始進行反對封建專制制度的鬥爭。

【29】在一八八八年文版中這一句是：「最後，當頑強的歷史事實把自我欺騙的一切醉夢驅散的時候，這種形式的社會主義就化為一種可憐的哀愁。」──編者注

德國的哲學家、半哲學家和美文學家，貪婪地抓住了這種文獻，不過他們忘記了：在這種著作從法國搬到德國的時候，法國的生活條件卻沒有同時搬過去。在德國的條件下，法國的文獻完全失去了直接實踐的意義，而只具有純粹文獻的形式。它必然表現爲關於眞正的社會、關於實現人的本質的無謂思辨。這樣，第一次法國革命的要求，在十八世紀的德國哲學家看來，不過是一般「實踐理性」的要求，而革命的法國資產階級意志的表現，在他們心目中就是純粹的意志、本來的意志、眞正人的意志規律。

德國著作家的唯一工作，就是把新的法國思想，和他們的舊的哲學信仰調和起來，或者毋寧說，就是從他們的哲學觀點出發去掌握法國的思想。

這種掌握，就像掌握外國語一樣，是透過翻譯的。

大家知道，僧侶們曾經在古代異教經典的手抄本上面，寫上荒誕的天主教聖徒傳。德國著作家對世俗的法國文獻採取相反的做法。他們在法國的原著下面，寫上自己的哲學胡說。例如，他們在法國人對貨幣關係的批判下面寫上「人的本質的外化」，在法國人對資產階級國家的批判下面寫上所謂「抽象普遍物的統治揚棄」，等等。

這種在法國人的論述下面塞進自己哲學詞句的做法，他們稱之為「行動的哲學」、「眞正的社會主義」、「德國的社會主義科學」、「社會主義的哲學論證」，等等。

法國的社會主義和共產主義的文獻就這樣被完全閹割了。旣然這種文獻在德國人手裡已不再表現一個階級反對另一個階級的鬥爭，於是德國人就認為：他們克服了「法國人的片面性」，他們不

代表真實的要求，而代表真理的要求，不代表無產者的利益，而代表人的本質的利益，即一般人的利益，這種人不屬於任何階級，根本不存在於現實界，而只存在於雲霧彌漫的哲學幻想的太空。

這種曾經鄭重其事地看待自己那一套拙劣的小學生作業並且大言不慚地加以吹噓的德國社會主義，現在漸漸失去了它的自炫博學的天真。

德國的特別是普魯士的資產階級反對封建主和專制王朝的鬥爭；一句話，自由主義運動，愈來愈嚴重了。

於是，「真正的」社會主義就得到了一個好機會，把社會主義的要求和政治運動對立起來，用詛咒異端邪說的傳統辦法詛咒自由主義，詛咒代議制國家，詛咒資產階級的競爭、資產階級的新聞出版自由、資產階級的法、資產階級的自由和平等，並且向人民群

眾大肆宣揚，說什麼在這個資產階級運動中，人民群眾非但一無所得，反而會失去一切。德國的社會主義恰好忘記了，法國的批判（德國的社會主義是這種批判的可憐回聲）是以現代的資產階級社會以及相應的物質生活條件和相當的政治制度為前提的，而這一切前提，當時在德國正是尚待爭取的。

這種社會主義成了德意志各邦專制政府及其隨從——僧侶、教員、地主和官僚求之不得的、嚇唬來勢洶洶的資產階級的稻草人。

這種社會主義是這些政府用來鎮壓德國工人起義的毒辣皮鞭和槍彈甜蜜補充。

既然「真正的」社會主義就這樣成了這些政府對付德國資產階級的武器，那麼它也就直接代表了一種反動的利益，即德國小市民的利益。在德國，十六世紀遺留下來的、從那時起，經常以不同形

式重新出現的小資產階級，是現存制度真實的社會基礎。

保存這個小資產階級，就是保存德國的現存制度。這個階級膽戰心驚地從資產階級的工業統治和政治統治那裡候著無可倖免的滅亡，這一方面是由於資本的積聚，另一方面是由於革命無產階級的興起。在它看來，「真正的」社會主義能起一箭雙雕的作用。

「真正的」社會主義像瘟疫一樣流行起來了。

德國的社會主義者給自己的那幾條乾癟的「永恆真理」披上一件用思辨的蛛絲織成的、繡滿華麗辭藻的花朵和浸透甜情蜜意的甘露外衣，這件光彩奪目的外衣只是使他們的貨物在這些顧客中間增加銷路罷了。

同時，德國的社會主義也愈來愈認識到自己的使命就是充當這種小市民的誇誇其談的代言人。

它宣佈德意志民族是模範的民族，德國小市民是模範的人。它給這些小市民的每一種醜行都加上奧秘的、高尚的、社會主義的意義，使之變成完全相反的東西。它發展到最後，就直接反對共產主義的「野蠻破壞的」傾向，並且宣佈自己是不偏不倚地超乎任何階級鬥爭之上的。現今在德國流行的一切所謂社會主義和共產主義的著作，除了極少數的例外，都屬於這一類卑鄙齷齪的、令人痿靡的文獻。【30】

【30】恩格斯在一八九〇年德文版上加了一個注：「一八四八年的革命風暴已經把這個可惡的流派一掃而光，並且使這一流派的代表人物再也沒有興趣搞社會主義了。這一流派的主要代表和典型人物是卡爾·格律恩先生。」——編者注

2. 保守的或資產階級的社會主義

資產階級中的一部分人想要消除社會的弊病，以便保障資產階級社會的生存。

這一部分人包括：經濟學家、博愛主義者、人道主義者、勞動階級狀況改善派、慈善事業組織者、動物保護協會會員、戒酒協會發起人以及形形色色的小改良家。這種資產階級的社會主義甚至被製成一些完整的體系。

我們可以舉普魯東的《貧困的哲學》作為例子。

社會主義的資產者願意要現代社會的生存條件，但是不要由這些條件必然產生的鬥爭和危險。他們願意要現存的社會，但是不要那些使這個社會革命化和瓦解的因素。他們願意要資產階級，但是不要無產階級。在資產階級看來，它所統治的世界自然是最美好的

世界。資產階級的社會主義把這種安慰人心的觀念製成半套或整套的體系。它要求無產階級實現它的體系，走進新的耶路撒冷，其實它不過是要求無產階級停留在現今的社會裡，但是要拋棄他們關於這個社會的可惡觀念。

這種社會主義的另一種不夠系統、但是比較實際的形式，力圖使工人階級厭棄一切革命運動，硬說能給工人階級帶來好處的並不是這樣或那樣的政治改革，而僅僅是物質生活條件即經濟關係的改變。但是，這種社會主義所理解的物質生活條件的改變，絕對不是只有透過革命的途徑才能實現的資產階級生產關係的廢除，而是一些在這種生產關係的基礎上實行的行政上的改良，因而絲毫不會改變資本和雇傭勞動的關係，至多只能減少資產階級的統治費用和簡化它的財政管理。

資產階級的社會主義只有在它變成純粹的演說辭令的時候，才獲得自己的適當表現。

自由貿易！為了工人階級的利益；保護關稅！為了工人階級的利益；單身牢房！為了工人階級的利益。——這才是資產階級的社會主義唯一認真說出的最後的話。

資產階級的社會主義就是這樣一個論斷：資產者之為資產者，是為了工人階級的利益。

3. 批判的空想的社會主義和共產主義

文獻（巴貝夫等人的著作）。

在這裡，我們不談在現代一切大革命中表達過無產階級要求的無產階級在普遍激動的時代、在推翻封建社會的時期直接實現自己階級利益的最初嘗試，都不可避免地遭到了失敗，這是由於當

時無產階級本身還不夠發展，由於無產階級解放的物質條件還沒有具備，這些條件只是資產階級時代的產物。隨著這些早期的無產階級運動而出現的革命文獻，就其內容來說必然是反動的。這種文獻宣導普遍的禁欲主義和粗陋的平均主義。

本來意義的社會主義和共產主義的體系，聖西門、傅立葉、歐文等人的體系，是在無產階級和資產階級之間的鬥爭還不發展的最初時期出現的。關於這個時期，我們在前面已經敘述過了（見《資產階級和無產階級》）。

誠然，這些體系的發明家看到了階級的對立，以及佔統治地位的社會本身中的瓦解因素的作用。但是，他們看不到無產階級方面的任何歷史主動性，看不到它所特有的任何政治運動。

由於階級對立的發展是和工業的發展步調一致的，所以這些發

明家也不可能看到無產階級解放的物質條件，於是他們就去探求某種社會科學、社會規律，以便創造這些條件。

社會的活動要由他們個人的發明活動來代替，解放的歷史條件要由幻想的條件來代替，無產階級的逐步組織成為階級要由一種特意設計出來的社會組織來代替。在他們看來，今後的世界歷史不過是宣傳和實施他們的社會計畫。

誠然，他們也意識到，他們的計畫主要是代表工人階級這一受苦最深的階級利益。在他們的心目中，無產階級只是一個受苦最深的階級。

但是，由於階級鬥爭不發展，起因於他們本身的生活狀況，他們就以為自己是高高超乎這種階級對立之上的。他們要改善社會一切成員的生活狀況，甚至生活最優渥的成員也包括在內。因此，他

們總是不加區別地向整個社會呼籲，而且主要是向統治階級呼籲。

他們以為，人們只要理解他們的體系，就會承認這種體系是最美好

社會的最美好計畫。

因此，他們拒絕一切政治行動，特別是一切革命行動；他們想

透過和平的途徑達到自己的目的，並且企圖使一些小型的、當然不

會成功的試驗，以示範的力量，來為新的社會福音開闢道路。

這種對未來社會的幻想描繪，在無產階級還很不發展、因而對

本身的地位的認識還基於幻想的時候，是和無產階級對社會普遍改

造的最初的本能的渴望相適應的。【31】

【31】 這段話在一八七二、一八八三和一八九○年德文版中是：「這種對未來社會的

幻想描繪，是在無產階級還很不發展、因而對本身的地位的認識還基於幻想的時

但是，這些社會主義和共產主義的著作也含有批判的成分。

這些著作抨擊現存社會的全部基礎。因此，它們提供了啓發工人覺悟的極爲寶貴的資料。它們關於未來社會的積極主張，例如消滅城鄉對立[32]，消滅家庭，消滅私人營利，消滅雇傭勞動，提倡社會和諧，把國家變成純粹的生產管理機構，──所有這些主張都只是表明要消滅階級對立，而這種階級對立在當時剛剛開始發展，它們所知道的只是這種對立的早期的、不明顯的、不確定的形式。因此，這些主張本身還帶有純粹空想的性質。

批判的空想的社會主義和共產主義的意義，是和歷史的發展

[32]「城鄉對立」在一八八八年英文版中是「城鄉差別」。── 編者注

候，從無產階級對社會普遍改造的最初的本能的渴望中產生的。── 編者注

成反比的。階級鬥爭愈發展和愈具有確定的形式，這種超乎階級鬥爭的幻想、這種反對階級鬥爭的幻想，就愈失去任何實踐意義和任何理論根據。所以，雖然這些體系的創始人在許多方面是革命的，但是他們的信徒總是組成一些反動的宗派。這些信徒無視無產階級的歷史進展，還是死守著老師們的舊觀點。因此，他們一貫企圖削弱階級鬥爭，調和對立。他們還總是夢想用試驗的辦法來實現自己的社會空想，創辦單個的法倫斯泰爾，建立國內移民區，創立小伊加利亞[33]，即袖珍版的新耶路撒冷，──而為了建造這一切空中樓

【3】恩格斯在一八八八年英文版上加了一個注：「法倫斯泰爾是沙爾‧傅立葉所設計的社會主義移民區；伊加利亞是卡貝給自己的理想國和後來他在美洲創立的共產主義移民區所取的名稱。」

閣，他們就不得不呼籲資產階級發善心和慷慨解囊。他們逐漸地墮落到上述反動的或保守的社會主義者的一夥中去了，所不同的只是他們更加系統地賣弄學問，狂熱地迷信自己那一套社會科學的奇功異效。

因此，他們激烈地反對工人的一切政治運動，認為這種運動只是由於盲目地不相信新福音才發生的。

在英國，有歐文主義者反對憲章派[44]，在法國，有傅立葉主義者反對改革派[45]。

恩格斯在一八九〇年德文版上，加了一個注：「國內移民區是歐文給他的共產主義的模範社會所取的名稱。法倫斯泰爾是傅立葉所設計的社會宮的名稱。伊加利亞是卡貝所描繪的那種共產主義制度的烏托邦幻想國。」——編者注

四、共產黨人對各種反對黨派的態度

看過第二章之後，就可以瞭解共產黨人和已經形成的工人政黨的關係，因而也就可以瞭解他們和英國憲章派和北美土地改革派[46]的關係。

共產黨人為工人階級的最近目的和利益而鬥爭，但是他們在當前的運動中同時代表運動的未來。在法國，共產黨人和社會主義民主黨[34]聯合起來反對保守的和激進的資產階級，但是並不因此放棄

[34] 恩格斯在一八八八年英文版上加了一個注：「當時這個黨在議會中的代表是賴德律—洛蘭。在著作界的代表是路易·勃朗，在報紙方面的代表是《改革報》[11]。『社會主義民主黨』這個名稱在它的發明者那裡是指民主黨或共和黨中，或多或少帶有社會主義色彩的一部分人。」

對那些從革命的傳統中承襲下來的空談和幻想，採取批判態度的權利。

在瑞士，共產黨人支持激進派，但是並不忽略這個政黨是由互相矛盾的分子組成的，其中一部分是法國式的民主社會主義者，一部分是激進的資產者。

在波蘭人中間，共產黨人支持那個把土地革命當作民族解放條件的政黨，即發動過一八四六年克拉科夫起義[47]的政黨。

在德國，只要資產階級採取革命的行動，共產黨就和它一起去

恩格斯在一八九〇年德文版上加了一個注：「當時在法國以社會主義民主黨自稱的政黨，在政治方面的代表是賴德律－洛蘭，在著作界的代表是路易·勃朗；因此，它和現今的德國社會民主黨是有天壤之別的。」——編者注

反對專制君主制、封建土地所有制和小市民的反動性。

但是，共產黨一分鐘也不忽略教育工人盡可能明確地意識到資產階級和無產階級敵對的對立，以便德國工人能夠立刻利用資產階級統治所必然帶來的社會和政治的條件作為反對資產階級的武器，以便在推翻德國的反動階級之後立即開始反對資產階級本身的鬥爭。

共產黨人把自己的主要注意力集中在德國，因為德國正處在資產階級革命的前夜，因為和十七世紀的英國和十八世紀的法國相比，德國將在整個歐洲文明更進步的條件下，擁有發展得多的無產階級去實現這個變革，因而德國的資產階級革命只能是無產階級革命的直接序幕。

總之，共產黨人到處都支持一切反對現存的社會制度和政治制度的革命運動。在所有這些運動中，他們都強調所有制問題是運動

的基本問題，不管這個問題的發展程度怎樣。最後，共產黨人到處都努力爭取全世界民主政黨之間的團結和協調。

共產黨人不屑於隱瞞自己的觀點和意圖。他們公開宣佈：他們的目的只有用暴力推翻全部現存的社會制度才能達到。讓統治階級在共產主義革命面前發抖吧。無產者在這個革命中失去的只是鎖鏈。他們獲得的將是整個世界。

全世界無產者，聯合起來！

寫於一八四七年十二月—一八四八年一月

一八四八年二月第一次以單行本形式在倫敦出版　原文是德文

選自《馬克思恩格斯選集》中文第二版第一卷二七一—三〇七頁

注

釋

1 《共產黨宣言》

《共產黨宣言》是科學共產主義的最偉大的綱領性文件。列寧指出：「這部著作以天才的透徹而鮮明的語言描述了新的世界觀，即把社會生活領域也包括在內的徹底的唯物主義、作為最全面、最深刻的發展學說的辯證法，以及關於階級鬥爭和共產主義新社會創造者無產階級肩負的世界歷史性的革命使命的理論。」（《列寧全集》中文第二版第二六卷第五〇頁）

《宣言》是馬克思和恩格斯為共產主義者同盟（見注3）起草的綱領。一八四七年十一月，共產主義者同盟第二次代表大會在倫敦召開，馬克思和恩格斯在大會上闡述了科學共產主義的觀點。大會經過辯論，接受了他們的觀點，並委託他們為同盟起草一個準備公佈的綱領。馬克思和恩格斯從一八四七年十二月至一八四八年一月底，用德文寫成了《共產黨宣言》。

一八四八年二月底在倫敦出版了《共產黨宣言》第一個德文

單行本，共二三頁。《宣言》還被譯成多種歐洲文字。在

一八四八年的各種版本中作者沒有署名。一八五〇年英國憲章

派機關刊物《紅色共和黨人》雜誌（見注5）登載《宣言》的

第一個英譯文時，雜誌編輯喬‧哈尼在序言中第一次指出了作

者的名字。

2

一八七二年《共產黨宣言》出了新的德文版，這是由《人民國

家報》編輯部倡議在萊比錫出版的。馬克思和恩格斯爲該版合

寫了一篇序言，並對正文作了某些更動。

3 **共產主義者同盟**　是歷史上第一個建立在科學社會主義基礎上

的無產階級政黨，一八四七年在倫敦成立。共產主義者同盟的

前身是一八三六年成立的正義者同盟，這是一個主要由無產階級化的手工業工人組成的德國政治流亡者秘密組織，後期也有一些其他國家的人參加。隨著形勢的發展，正義者同盟的領導成員終於確信馬克思和恩格斯的理論正確，並認識到必須使同盟擺脫舊的密謀傳統和方式，遂於一八四七年邀請馬克思和恩格斯參加正義者同盟，協助同盟改組。一八四七年六月，正義者同盟在倫敦召開第一次代表大會，按照恩格斯的倡議把同盟的名稱改為共產主義者同盟，因此這次大會也是共產主義者同盟的第一次代表大會。大會還批准了以民主原則作為同盟組織基礎的章程草案，並用「全世界無產者，聯合起來！」的戰鬥口號代替了正義者同盟原來的「人人皆兄弟！」的口號。同年十一月二十九日─十二月八日舉行的同盟第二次代表大會通

過了章程，大會委託馬克思和恩格斯起草同盟的綱領，這就是一八四八年二月問世的《共產黨宣言》。

由於法國革命爆發，在倫敦的同盟中央委員會於一八四八年二月底把同盟的領導權移交給了以馬克思爲首的布魯塞爾區部委員會。在馬克思被驅逐出布魯塞爾並遷居巴黎以後，巴黎於三月初成了新的中央委員會的駐在地。恩格斯也當選爲中央委員。

一八四八年三月下半月到四月初，馬克思、恩格斯和數百名德國工人（他們多半是共產主義者同盟盟員）回國參加已經爆發的德國革命。馬克思和恩格斯在三月底所寫的《共產黨在德國的要求》是共產主義者同盟在這次革命中的政治綱領。當時，馬克思主編的《新萊茵報》已成爲共產主義者同盟的領導和指

導中心。

雖然革命的失敗打擊了共產主義者同盟，但它仍然於一八四九─一八五○年進行了改組並繼續開展活動。一八五○年夏，共產主義者同盟中央委員會內部在策略問題上的原則性分歧達到了很尖銳的程度。以馬克思和恩格斯爲首的中央委員會，多數派堅決反對維利希──沙佩爾集團提出的宗派主義、冒險主義的策略，反對它無視客觀規律和德國及歐洲其他各國的現實政治形勢而主張立即發動革命。一八五○年九月中，維利希──沙佩爾集團的分裂活動終於導致了同盟與該集團的分裂。一八五一年五月，由於員警的迫害和盟員的被捕，共產主義者同盟在德國的活動，實際上已陷於停頓。一八五二年十一月十七日，在科隆共產黨人案件發生後不久，同盟根據馬克思

的建議宣告解散。

共產主義者同盟起了巨大的歷史作用，它是培養無產階級革命家的學校，是國際工人協會（第一國際）的前身，相當多的前共產主義者同盟盟員都積極參加了國際工人協會的建立工作。

4 **二月革命** 是指一八四八年二月爆發的法國資產階級民主革命。代表金融資產階級利益的「七月王朝」推行極端反動的政策，反對任何政治改革和經濟改革，阻礙資本主義發展，加劇對無產階級和農民的剝削，引起全國人民的不滿；農業歉收和經濟危機進一步加深了國內矛盾。一八四八年二月二十二日至二十四日巴黎爆發了革命，推翻了「七月王朝」，建立了資產階級共和派的臨時政府，宣佈成立法蘭西第二共和國。無產階級和小資產階級積極參加了這次革命，但革命果實卻落到資產

階級手裡。

5 《紅色共和黨人》 是一八五〇年六—十一月由喬‧哈尼在倫敦出版的憲章派週刊。該刊在一八五〇年十一月第二十一——二十四期，曾以《德國共產黨宣言》爲題首次登載《共產黨宣言》的英譯文。

6 一八四八年六月起義 指一八四八年六月巴黎無產階級的起義。二月革命後，無產階級要求把革命推向前進，資產階級共和派政府執行反對無產階級的政策，六月二十二日政府頒佈了封閉「國家工廠」的挑釁性法令，激起巴黎工人的強烈反抗。六月二十三日至二十六日巴黎工人舉行了大規模武裝起義，六月二十五日，鎮壓起義的布雷亞將軍在楓丹白露哨兵站被起義者打死，因此兩名起義者後來被處死刑。經過四天英勇鬥爭，

最後在資產階級的殘酷鎮壓下失敗了。馬克思論述這次起義時

指出：「這是分裂現代社會的兩個階級之間的第一次大規模的

戰鬥。這是爲資產階級制度的存亡而進行的鬥爭。」（見《馬

克思恩格斯選集》中文第二版第一卷第三九八頁）

國家工廠　是一八四八年二月革命結束後根據法國臨時政府的

法令倉促建立起來的。國家工廠一律採取軍事化方式進行生

產，對工人實行以工代賑的辦法，發給麵包卡和軍餉。臨時政

府這樣做的目的一方面是使路·勃朗關於組織勞動的思想在工

人中喪失威信；另一方面是想利用軍事方式組織起來的國家工

廠工人來反對革命的無產階級。但是這個分裂工人階級的計畫

沒有成功，革命情緒在國家工廠中繼續高漲，政府就採取減少

工人人數，派他們去外省參加公共工程等辦法來達到取消國家

工廠的目的。這些做法引起了巴黎無產階級的極大憤怒，成了巴黎六月起義的導火線之一。起義者曾經利用了國家工廠內已有的軍事組織。起義被鎮壓後，卡芬雅克政府於一八四八年七月三日，下令解散了國家工廠。

7　**《社會主義者報》**　是一八七一年十月至一八七三年五月在紐約出版的法文週報，國際法國人支部的機關報；它支持國際北美聯合會裡的資產階級分子和小資產階級分子；海牙代表大會以後與國際斷絕了關係。一八七二年一—二月該報以《卡爾·馬克思的宣言》為題發表了根據《伍德赫爾和克拉夫林週刊》（見注20）發表的英譯文轉譯的《共產黨宣言》法譯文。

8　**巴黎公社**　是一八七一年法國無產階級在巴黎建立的人類歷史上第一個無產階級政權。一八七一年三月十八日，巴黎無產者

舉行武裝起義，奪取了政權。二十八日巴黎公社宣告成立。公社打碎了資產階級國家機器，廢除常備軍代之以人民武裝，廢除官僚制度代之以民主選舉產生的、對選民負責的、受群眾監督的公職人員。公社沒收逃亡資本家的企業，交給工人管理並頒佈一系列保護勞動者利益的法令。由於沒有馬克思主義政黨的領導，沒有和農民結成聯盟，沒有及時實行堅決的進攻，沒有堅決鎮壓反革命，五月二十八日公社終於在國內外反動勢力打擊下，遭到失敗。公社總共只存在了七十二天。

9 《〈共產黨宣言〉俄文第二版序言》是馬克思和恩格斯於一八八二年一月二十一日或在此之前不久寫的，發表時注明的日期爲一八八二年一月二十一日。

一八八〇年十二月，俄國革命者尼·亞·莫洛佐夫在倫敦逗留

期間，通過列·尼·加特曼的介紹與馬克思結識。據莫洛佐夫本人敘述，馬克思當時交給他幾部適合在日內瓦作為《俄國社會革命叢書》出版的著作，並表示願意為這些著作的俄譯本作序。莫洛佐夫把從馬克思那裡得到的書轉交給了他在瑞士的朋友，於是普列漢諾夫通過這種途徑得到了《共產黨宣言》，並決定立即著手由他翻譯成俄文（俄文第一版譯者是巴枯寧）。

普列漢諾夫大約於一八八二年一月初或中旬寫信給馬克思和恩格斯的朋友彼·拉甫羅夫，要求他出面請求馬克思和恩格斯為《共產黨宣言》的俄文第二版撰寫序言。拉甫羅夫很快就收到了馬克思一月二十三日的復信及所附的用德文寫成的這篇序言的原件。

這篇序言曾第一次用俄文單獨發表在一八八二年二月五日《民

意》雜誌第八至九號上。附有這篇序言的《共產黨宣言》俄文

版單行本於一八八二年在日內瓦作爲《俄國社會革命叢書》出

版。恩格斯對普列漢諾夫的俄譯文評價很高。

一八八二年四月，愛·伯恩斯坦曾向恩格斯索要這篇序言的德

文原稿，打算在《社會民主黨人報》上發表，恩格斯去信要求

拉甫羅夫將序言的德文原稿寄還給他，直到四月十七日左右，

拉甫羅夫才將原稿的副本寄給恩格斯·而在四月十三日，序言就

已經根據《民意》雜誌發表的俄文文本，由巴·波·阿克雪里

羅德再轉譯成德文發表在《社會民主黨人報》第十六號上了，

這是序言第一次用德文單獨發表。

恩格斯在爲一八九〇年《共產黨宣言》德文第四版撰寫的新序

言中，全文引用了由俄文轉譯成德文的這篇序言，但表達上略

有差別。

直到二十世紀三十年代，這篇序言的德文手稿才被重新發現。一九三九年，莫斯科外文出版社出版的德文版《共產黨宣言》首次按德文原文發表了這篇序言。

10 《共產黨宣言》第一個俄譯本是在一八六九年出版的。出版該書的《鐘聲》印刷所實際上是赫爾岑創辦的「自由俄國印刷所」。一八五七年至一八六七年這個印刷所承印由赫爾岑和奧格遼夫主辦的俄國革命民主主義報紙《鐘聲》。《鐘聲》在一八五七年至一八六七年用俄文出版；一八六八年至一八六九年該報改用法文出版，並附有俄文附刊。一八六五年前在倫敦出版，以後在日內瓦出版。

11 一八八一年三月一日民意黨人暗殺沙皇亞歷山大二世以後，亞

歷山大三世害怕民意黨人再採取新的恐怖行動，躲進了彼得堡附近的加特契納行宮內，因而被人們戲謔地稱爲「加特契納的俘虜」。

12　一八八三年在霍廷根——蘇黎世出版的《共產黨宣言》第三個德文本，是馬克思逝世後經恩格斯校閱過的第一個版本。這篇簡短的序言就是恩格斯爲該版寫的。

13　一八八八年在倫敦出版的英文版《共產黨宣言》是賽－莫爾翻譯的。恩格斯爲這個版本寫了這篇序言，並且親自校訂了譯文，加了一些注釋。

14　科隆共產黨人案件（一八五二年十月四日－十一月十二日） 是普魯士政府策動的一次挑釁性的案件。共產主義者同盟（見注3）的十一名成員被送交法庭審訊，其罪名是「進行叛國性

密謀」。控告的證據是普魯士警探們假造的中央委員會會議的《原本記錄》和其他一些偽造文件，以及警察局從已被開除出共產主義者同盟的維利希－沙佩爾冒險主義集團那裡偷來的一些文件。法庭根據偽造文件和假證詞，判處七名被告三年至六年的徒刑。馬克思和恩格斯對這個案件的策動者的挑釁行為和普魯士警察國家對付國際工人運動的卑鄙手段，進行了徹底的揭露，見恩格斯《最近的科隆案件》一文和馬克思的抨擊性著作《揭露科隆共產黨人案件》（《馬克思恩格斯全集》中文第二版第十一卷第五六三─五七〇、四七一─五四五頁）。

15　國際工人協會　簡稱國際，後稱第一國際，是無產階級的第一個國際性革命聯合組織。一八六四年九月二十八日在倫敦成立。馬克思是它的創始人和領袖。在馬克思和恩格斯的領導

下，第一國際加強了各國工人階級的團結，支持了各國工人階級和被壓迫民族的革命鬥爭，戰勝了工人運動中的各種機會主義派別（普魯東主義、巴枯寧主義、拉薩爾主義、工聯主義等），傳播了馬克思主義，培養了一批優秀的工人運動的活動家，第一國際在一八七二年海牙代表大會以後實際上停止了活動，一八七六年七月十五日正式宣佈解散。第一國際的歷史功績在於它「奠定了工人國際組織的基礎，使工人做好向資本進行革命進攻的準備」（《列寧全集》中文第二版第三十六卷第二九〇頁）。

16 英國工聯 即英國工會。一八二四年英國工人獲得了自由結社的權利，工聯就在英國普遍建立起來。工聯是按行業組織的。加入工聯的必須是學成的技術工人，要繳納很高的會費。工聯

設有全國性的領導機關。工聯的任務是維護本行業的熟練工人的經濟利益。許多工聯組織曾經加入國際。工聯的機會主義領袖把無產階級的鬥爭侷限於經濟鬥爭，鼓吹階級調和。馬克思和恩格斯從國際成立時起，就和工聯領導人的機會主義，即工聯主義進行了堅決的鬥爭。

17 普魯東派

是法國小資產階級社會主義者、無政府主義者普魯東的信徒。普魯東派從小資產階級立場出發批判資本主義，幻想使小私有制萬古長存；他們主張建立「交換銀行」和發放無息貸款，以維護小生產者的私有制；他們宣傳用改良的辦法消除資本主義「壞的」方面，保留資本主義「好的」方面；他們反對無產階級進行暴力革命和政治鬥爭，主張取消任何政府和國家。馬克思和恩格斯在國際工人協會中對普魯東派的機會主

義路線進行了堅決的鬥爭。經過第一國際布魯塞爾和巴塞爾兩
次代表大會上的激烈鬥爭，普魯東派被徹底挫敗了。

18 拉薩爾派　　是十九世紀六○至七○年代，德國工人運動中的機
會主義派別，斐·拉薩爾的信徒，主要代表人物是施韋澤、哈
森克萊維爾、哈賽爾曼等。該派的組織是一八六三年五月由拉
薩爾創立的「全德工人聯合會」。拉薩爾派反對暴力革命，認
為只要進行議會鬥爭，爭取普選權，就可以把普魯士君主國家
變為「自由的人民國家」；主張在地主資本家的國家幫助下建
立生產合作社，把資本主義和平地改造為社會主義；支持普魯
士政府透過王朝戰爭，自上而下地統一德國的政策。馬克思和
恩格斯與拉薩爾派的機會主義路線進行了堅決的鬥爭。
一八七五年，拉薩爾派與愛森納赫派合併為德國社會主義工人

黨（後改稱爲德國社會民主黨）。

19 斯旺西代表大會　是一八八七年九月五—十二日在英國斯旺西舉行的工聯年度代表大會。這次代表大會通過了建立單獨的工人政黨等項決議。恩格斯提到的這句話引自擔任這次代表大會主席的斯旺西工聯理事會主席比萬在大會上的發言。這篇發言載於一八八七年九月十七日倫敦《公益》週刊。

20 《伍德赫爾和克拉夫林週刊》　是一家美國週刊。由資產階級女權主義者維多利亞·伍德赫爾和田納西·克拉夫林於一八七〇年至一八七六年在紐約出版。該刊一八七一年十二月三十日發表《共產黨宣言》英譯文，曾作了刪節。

21 《共產黨宣言》第二個俄文本的譯者不是維拉·查蘇利奇。後來恩格斯於一八九四年在《〈論俄國的社會問題〉跋》中指

出，《宣言》的第二個俄文本是普列漢諾夫翻譯的（見《馬克思恩格斯選集》中文第二版第四卷第四四三頁）。

22　這裡提到的《共產黨宣言》丹麥文譯本（一八八五年哥本哈根版）刪去了一些重要的地方，因而不夠完備；有些譯文也不太確切。恩格斯在《宣言》一八九〇年德文版序言中指出了這一點（見本書第一六四頁）。

23　蘿拉・拉法格翻譯的《共產黨宣言》法文譯本是在一八八五年八月二十九日至十一月七日的《社會主義者報》上發表的，以後又作爲附錄轉載於一八八六年巴黎出版的梅爾麥著的《社會主義法國》。

《社會主義者報》　是法國的一家週報，一八八五年由茹・蓋得在巴黎創辦。一九〇二年以前是工人黨機關報，一九〇二年

至一九○五年是法蘭西社會黨機關報，從一九○五年起是法國社會黨機關報；十九世紀八○至九○年代，恩格斯、保・拉法格和格・瓦・普列漢諾夫曾爲該報撰稿。

24 《共產黨宣言》

西班牙文譯本發表在一八八六年七─八月的《社會主義者報》上，並出版過單行本。

《社會主義者報》

是西班牙的一家週報，西班牙社會主義工人黨的中央機關報，從一八八五年起，在馬德里出版。

25 卡貝

是法國空想共產主義者。他認爲人類的不平等是違反自然規律的，人類最嚴重的錯誤是建立私有制。他揭露了資本主義的罪惡，主張廢除私有制，建立公有制，實現人人平等和幸福的社會。他在一八四○年發表的《伊加利亞旅行記》中描繪了他的理想社會。但是，他反對暴力革命，主張透過和平宣

傳，來改造資本主義社會。

26 魏特林 是德國早期工人運動活動家，空想共產主義者。魏特林在一八四二年出版了《和諧與自由的保證》一書，抨擊了資本主義社會，提出了他的空想共產主義計畫，認為理想的社會是和諧與自由的社會，在這個社會裡，人人從事勞動，產品平均分配。他承認使用暴力實現社會革命的必要性。他的學說是一種粗俗的平均共產主義，在早期德國工人運動中起過一定的積極作用，但後來成為工人運動發展的障礙。

27 「工人階級的解放應該由工人階級自己去爭取」這一思想，馬克思和恩格斯在十九世紀四〇年代以後的一系列著作中都表述過；這裡的提法參看《國際工人協會共同章程》（見《馬克思恩格斯選集》中文第二版第二卷第六三九頁）。

28
一八九〇年德文版《共產黨宣言》是這部著作的第四個德文本，也是經作者校閱過的最後一個版本，在倫敦作爲《社會民主主義叢書》的一種出版。這一版除了收錄一八七二年和一八八三年德文版序言外，還發表了恩格斯爲該版本寫的這篇新序言。一八九〇年八月十六日德國社會民主黨中央機關報《社會民主黨人報》第三十三號在題爲《〈共產黨宣言〉的新版》的社論中摘要發表了恩格斯的這篇序言，一八九〇年十一月二十八日《工人報》第四十八號在慶祝恩格斯七十壽辰的社論中也摘要刊登了這篇序言。

29
《共產黨宣言》一八八二年俄文版序言的德文原稿後來找到了。恩格斯在這裡引用的序言是從俄文翻譯成德文的，個別地方和德文原稿有細微差別。

30 日內瓦代表大會 是國際工人協會於一八〇五年九月三日至八日在瑞士日內瓦舉行的第一次代表大會。出席大會的有總委員會、協會各支部以及英、法、德和瑞士的工人團體等的六十名代表。大會批准了協會的章程和條例。馬克思寫的《臨時中央委員會就若干問題給代表的指示》（見《馬克思恩格斯全集》中文第一版第十六卷第二一三—二二三頁）作為總委員會的正式報告，提交大會討論。參加大會的普魯東主義者，幾乎逐點加以反對，經過辯論，總委員會的擁護者取得了勝利。《指示》九項內容中有六項作為大會決議通過。其中之一是：要求法律規定八小時工作日，並把這一要求作為全世界工人階級的共同行動綱領。

巴黎工人代表大會 是一八八九年七月十四日至二十日在巴黎

舉行的國際社會主義工人代表大會，這次大會實際上是第二國際的成立大會。出席大會的有來自歐美二十二個國家和地區的三百九十三名代表。大會主席是前巴黎公社委員瓦揚和德國共產黨人李卜克內西。這次大會聽取了各社會主義政黨代表關於本國工人運動的報告並通過一些重要決議，要求在法律上規定八小時工作日，規定五月一口為全世界無產階級團結戰鬥的節日。

31

一八九二年波蘭文版《共產黨宣言》由波蘭社會黨人《黎明》出版社在倫敦出版。恩格斯為這個版本寫了序言。這篇序言還登載在一八九二年二月二十七日《黎明》雜誌第三十五期上。

恩格斯把序言寄給《黎明》出版社後，在一八九二年二月十一日給斯·孟德爾森的信中說，他希望將來能掌握波蘭文，以便

能深入地研究波蘭工人運動的發展，到那時可爲下一版波蘭文《宣言》寫一篇比較充實的序言。

32 會議桌上的波蘭 是指沙皇俄國根據一八一四—一八一五年維也納會議決定所併吞的波蘭領土。維也納會議後，波蘭再度被俄普奧三國瓜分，沙皇俄國併吞了大部分波蘭國土，成立波蘭王國，由沙皇亞歷山大一世兼國王。會議桌上的波蘭或俄羅斯的波蘭，就是指這部分波蘭領土。

33 這篇序言是恩格斯應義大利社會黨領袖菲·屠拉梯的請求，爲一八九三年義大利文版《共產黨宣言》寫的。義大利文版《宣言》由貝尼翻譯，序言由屠拉梯翻譯。該單行本於一八九三年，在米蘭由社會黨的理論刊物《社會評論》雜誌社出版。

34 一八四八年三月十八日米蘭人民舉行了反對奧地利統治的武裝

起義，趕走了奧地利軍隊，成立了資產階級自由派和民主派領導的臨時政府，推動了義大利其他各地的革命。

同一天柏林人民也發動了武裝起義迫使國王宣佈立即召開國民議會，制定憲法、撤出城內駐軍、改組政府。這次起義，打擊了沙皇俄國支持的封建勢力。

35 馬克思曾在許多著作裡，特別是在《一八五九年的愛爾福特精神》（《馬克思恩格斯全集》中文第一版第十三卷第四六二──四六五頁）一文中闡述過這樣的思想：反動派在一八四八年以後，扮演了特殊的革命遺囑執行人的角色，不可避免地實現了革命的要求，儘管這是在一種滑稽可笑的歪曲的方式下進行的。

36 **民族大遷徙**　指西元三──七世紀日爾曼、斯拉夫及其他部落向羅馬帝國的大規模遷徙。四世紀末日爾曼部落中的西哥特人因

遭到匈奴人的進攻侵入羅馬帝國。經過長期的戰爭，西哥特人於五世紀在西羅馬帝國境內定居下來，建立了自己的國家。日爾曼人的其他部落也相繼在歐洲和北非建立了獨立的國家。民族大遷徙對摧毀羅馬帝國的奴隸制度和推動西歐封建制度的產生起了重要的作用。

37　十字軍征討　指十一——十三世紀西歐天主教會、封建主和大商人打著從伊斯蘭教徒手中解放聖地耶路撒冷的宗教旗幟，主要對東地中海沿岸伊斯蘭教國家發動的侵略戰爭。因參加者的衣服上縫有紅十字，故稱「十字軍」。十字軍征討前後共八次，歷時近二百年，最後以失敗而告終。十字軍征討給東方國家的人民帶來深重災難，也使西歐國家的人民遭到慘重的犧牲，但它在客觀上也對東西方的經濟和文化的交流起了一定的促進作

用。

38 馬克思和恩格斯在他們的早期著作中曾經使用「出賣勞動」、「勞動價格」這些概念，馬克思後來糾正了這一說法，認為工人出賣的不是他們的勞動，而是他們的勞動力。恩格斯在《〈雇傭勞動與資本〉一八九一年單行本導言》中對此作了詳細說明（見《馬克思恩格斯選集》中文第二版第一卷第三二二—三二三頁）。

39 英國工人階級從十八世紀末開始爭取用立法手段限制工作日，從十九世紀三十年代起，廣大無產階級群眾投入爭取十小時工作日的鬥爭。

十小時工作日法案是英國議會在一八四七年六月八日通過的，作為法律於一八四八年五月一日起生效。該法律將婦女和少年

的日勞動時間限制爲十小時。但是，許多英國工廠主並不遵守

這項法律，他們尋找種種藉口把工作日從早晨五時半延長到晚

上八時半。工廠觀察員倫・霍納的報告就是很好的証明（參

看《馬克思恩格斯全集》中文第二版第四十四卷第三三五―

三三六頁第一六一―一六五注）。

恩格斯在《十小時工作日問題》和《英國的十小時工作

法》（《馬克思恩格斯全集》中文第二版第十卷第二八二―

二八八、二九九―三一〇頁）中對該法案作了詳細分析。關於

英國工人階級爭取正常工作日的鬥爭，馬克思在《資本論》第

一卷第八章（《馬克思恩格斯全集》中文第二版第四十四卷第

二六七―三五〇頁）中作了詳細考察。

40 七月革命 指一八三〇年七月爆發的法國資產階級革命。

一八一四年拿破崙第一帝國垮臺後，代表大土地貴族利益的波旁王朝復辟，它竭力恢復封建專制統治，壓制資本主義的發展，限制言論出版自由，加劇了資產階級同貴族地主的矛盾，激起了人民的反抗。一八三〇年七月二十七日至二十九日巴黎爆發了革命，推翻了波旁王朝。金融資產階級攫取了革命果實，建立了以奧爾良公爵路易—菲力浦爲首的代表金融資產階級利益的「七月王朝」。

41 改革運動 指英國工業資產階級發動的議會改革運動。英國資產階級爲了與土地貴族爭奪政治權力，在十九世紀二〇年代末提出改革議會選舉的要求，經過幾年鬥爭，在人民群眾的支持下，迫使英國議會於一八三二年六月通過了選舉法改革法案。這次改革削弱了土地貴族和金融貴族的政治壟斷，加強了工業

資產階級在議會中的地位。

42　正統派　指法國代表大土地貴族和高級僧侶利益的波旁王朝（一五八九—一七九二年和一八一四—一八三○年）長系的擁護者。一八三○年波旁王朝第二次被推翻以後，正統派就組成政黨。在反對以金融貴族和大資產階級為支柱的當政的奧爾良派王朝時，一部分正統派常常抓住社會問題進行蠱惑宣傳，標榜自己維護勞動者的利益，使他們不受資產者的剝削。馬克思和恩格斯在《共產黨宣言》中，把這個集團的代表人物觀點稱為封建的社會主義。這裡的「第一代法蘭西正統派」是指那些極端仇視法國革命的保皇派著作家和政客。

43　「青年英國」　是由英國托利黨中的一些政治活動家和著作家組成的集團，成立於十九世紀四○年代初，主要代表人物是

本‧迪斯累里、托‧卡萊爾等。他們維護土地貴族的利益，對資產階級日益增長的經濟勢力和政治勢力不滿，企圖用蠱惑手段把工人階級置於自己的影響之下，並利用工人階級反對資產階級。

托利黨　是英國的政黨，於十七世紀七〇年代末八〇年代初形成。一六七九年，就詹姆斯公爵（後來的詹姆斯二世）是否有權繼承王位的問題，議會展開了激烈的爭論。擁護詹姆斯繼承王位的議員，被敵對的輝格黨人譏稱為托利。托利（Tory）為愛爾蘭語，原意為天主教歹徒。托利黨一貫是反動的對內政策的捍衛者，堅決維護國家制度中保守和腐敗的體制，反對國內的民主改革曾與輝格黨輪流執政。隨著英國資本主義的發展，托利黨逐漸失去它先前的政治影響和在議會的壟斷權。

一八三二年議會改革使資產階級代表人物進入議會。一八四六年廢除穀物法削弱了英國舊土地貴族的經濟基礎並造成了托利黨的分裂。十九世紀五〇年代末六〇年代初，在老托利黨的基礎上成立了英國保守黨。

44 憲章派 　是憲章運動的參加者。憲章運動是十九世紀三〇—五〇年代中期英國工人的政治運動，其口號是爭取實行包括要求普選權和一系列為工人保證此項權利的許多條件的人民憲章。英國工人階級為實現人民憲章掀起了廣泛的群眾性政治運動，憲章運動出現過三次高潮。由於資產階級收買工人上層和工人階級政治上的不成熟，到五〇年代中期運動終於失敗。憲章派的領導機構是「全國憲章派協會」，機關報是《北極星報》，左翼代表人物是哈尼、鐘斯等。恩格斯稱憲章派是「近代第一

個工人政黨」（見《馬克思恩格斯選集》中文第二版第三卷第七一二頁）。列寧把憲章運動稱作「世界上第一次廣泛的、眞正群眾性的、政治上已經成型的無產階級革命運動」（見《列寧全集》中文第二版第三十六卷第二九二頁）。

人民憲章（Peoples Charter）　是英國憲章運動中的綱領性文件，一八三七年由下院六名議員和六名倫敦工人協會會員組成的一個委員會提出，並於一八三八年五月八日作爲準備提交議會的一項草案在各地群眾大會上公佈。人民憲章包括了憲章派的下列六項要求：普選權（年滿二十一歲的男子）、議會每年改選一次、秘密投票、各選區一律平等、取消議會議員候選人的財產資格限制、發給議員薪金。一八三九、一八四二和一八四九年，議會三次否決了憲章派所遞交的要求通過人民憲

章的請願書。

45 改革派 指法國《改革報》的支持者，小資產階級共和主義者和小資產階級社會主義者。主要代表人物有賴德律——洛蘭、路易・勃朗等人。他們主張建立共和國，實行民主改革和社會改革。

《改革報》 是一家法國日報，小資產階級民主共和派和小資產階級社會主義者的報紙，一八四三年至一八五○年在巴黎出版。一八四七年十月到一八四八年一月恩格斯在該報上發表過文章。

46 北美土地改革派 即全美土地改革派又稱美國「全國改革協會」，成立於一八四五年，是一個以手工業者和工人為核心的政治團體，宗旨是無償地分給每一個勞動者一塊土地。四○年

代後半期，協會宣傳土地改革，反對種植場奴隸主和土地投機分子，並提出實行十小時工作日、廢除農奴制、取消常備軍等民主要求。許多德國手工業僑民參加了這一土地改革運動。

47 波蘭人民爲了民族解放曾準備在一八四六年二月舉行起義。起義的主要發起人是波蘭的革命民主主義者（鄧波夫斯基等人）。但是，由於波蘭小貴族的背叛行爲和普魯士員警逮捕了起義的領袖，總起義沒有成功。只有在一八一五年起由奧地利、普魯士和俄國共管的克拉科夫，起義者在二月二十二日取得了勝利並建立了國民政府，發表了廢除封建義務的宣言。克拉科夫起義在一八四六年三月初被鎮壓。一八四六年十一月，奧地利、普魯士和俄國簽訂了關於把克拉科夫併入奧地利帝國的條約。

經典名著文庫 165

共產黨宣言

作　　　者 —— （德）馬克思、恩格斯
譯　　　者 —— 中央編譯局
導　　　讀 —— 黃瑞祺
發 行 人 —— 楊榮川
總 經 理 —— 楊士清
總 編 輯 —— 楊秀麗
文 庫 策 劃 —— 楊榮川
本 書 主 編 —— 蘇美嬌
責 任 編 輯 —— 邱紫綾
封 面 設 計 —— 姚孝慈
著 者 繪 像 —— 莊河源
出 版 者 —— 五南圖書出版股份有限公司
　　　　　　　　地　　　址 —— 臺北市大安區 106 和平東路二段 339 號 4 樓
　　　　　　　　電　　　話 —— 02-27055066（代表號）
　　　　　　　　傳　　　眞 —— 02-27066100
　　　　　　　　劃撥帳號 —— 01068953
　　　　　　　　戶　　　名 —— 五南圖書出版股份有限公司
　　　　　　　　網　　　址 —— https://www.wunan.com.tw
　　　　　　　　電子郵件 —— wunan@wunan.com.tw
法 律 顧 問 —— 林勝安律師
出 版 日 期 —— 2014 年 8 月初版一刷
　　　　　　　　2022 年 4 月二版一刷
　　　　　　　　2024 年 5 月二版二刷
定　　　價 —— 320 元

本書經由中央編譯出版社授權出版

國家圖書館出版品預行編目資料

共產黨宣言 / 卡爾 . 馬克思, 弗里德里希 . 恩格斯著；中央編
譯局譯 . -- 二版 . -- 臺北市：五南圖書出版股份有限公司，
2022.04
　　面；公分 . -- (經典名著文庫；165)
　　譯自：Manifest der Kommunistischen Partei
　　ISBN 978-626-317-722-2(平裝)

1.CST　L 共產主義

549.3412　　　　　　　　　　　　　　　　111003693